リノベーション
からはじまる

これからの住まい方、
リノベーションライフの実例

リノベエステイト

希望の再生。

記録的な暑さが続いた夏。
一冊の本をつくるため、私たちは
リノベーションで縁を結んだご家族に会いに行った。
いくつもの住まいを訪ね、「リノベーションからはじまる」暮らしに
あらためて触れてみて感じたのは、
リノベーションとは「希望を再生する」ものでもある、ということだ。
ただ、ひとくちに「希望」といっても、それはとても曖昧。
願望や欲望としての希望もあれば、
いつか、かなえたい夢としての希望もあるだろう。
そもそも希望なんて持たなければ、失望もしないですむのかもしれない。
けれど、私たちがまともに生きていくためには、
やっぱり希望が必要なのではないだろうか。
例えば、今晩の献立。明日の天気。週末の約束。
そんなささやかな希望でさえも、
この世界は十分に生きていく価値があるということを、
そっと感じさせてくれるはずなのだから。
住空間の価値が再生されると共に、
家族の暮らしや関係に新しい希望が芽生えてくるリノベーション。
そこからはじまるものは、懐かしい未来から吹いてくる
やわらかな風のような「希望の再生」であってほしいと願う。

目次

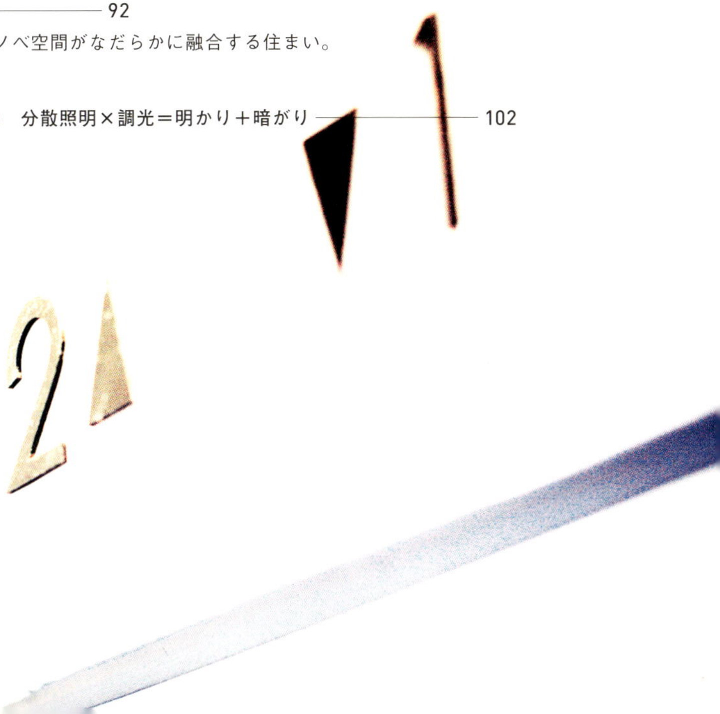

Life with Vintage

古きも新しきも、ロングライフなデザインがもつ魅力。

Let's Renovate
リノベーションをはじめる前に知っておきたいこと。

Life
with
Renovation

リノベーションで暮らすということ。

27
26
25

"好き"と"らしい"が集まった、
夫婦のリズムにしっくりなじむ家。

House Story 01

黒板の家

キッチンにリビング、そして寝室に仕事場まで。だだっ広いオープンな空間にすべてが配置された「黒板の家」。そこには、ゆるやかにつながりながらも、ほどよく仕切られた暮らしの場がありました。

靴ずれしないお気に入りの靴のように、暮らしにフィットする空間。

「ここへ越してきたとき、新しい家に暮らしはじめる感覚がなかったんです。とてもしっくりなじんでいたので……」。ふたりが、口を合わせて語るとおり、この家には、家主の雰囲気に、どこか似た空気感が漂っている。家を購入するに至ったきっかけは、お金のことを考えて。仕事柄、ずっと同じ街に住むのだから、家賃を払い続けるより、「持ち家をもつという選択肢もあるのでは」と、考えたそう。しかし、ご主人の顕《あきら》さんによると、「とはいえ、家を買うために、特別に勉強した訳でもないんです」と。ネットで中古物件を検索していたときに、偶然に出合ったのがこのマンション。「思い通りの間取りにしたかったので、もともと新築には興味がありませんでした」。そんな点も、夫婦に共通している。この物件で、リノベーションできないか。そんな相談をもちかけて、「黒板の家」づくりはスタートした。実は、以前に車を買ったときも、散歩がてらにふらりと立ち寄ったショールームでの出合いがきっかけだったとか。家も、車も、一見、衝動買いのように思えるが、ふたりの好きが一致していたからこそ「迷いがなかった」という方が正しいのだろう。フリーランスのデザイナーである奥さまの愛《ちか》さんは、家を拠点にSOHOスタイルで仕事を行っている。デスクの後ろにはベッド、左横にはキッチン。ついつい、「切り替えが大変では？」なんて質問を投げかけてしまいそうだが……。オープンな空間なのに、ほどよい仕切りのある間取りは、そこに職場があることさえ、しっくりなじんでいる。

写真を切り抜いたり、イメージをスケッチしたりした、スクラップ帳。今ではいい思い出の品。

部屋をゆるやかに仕切る本棚も、仕事場のデスクも、リビングのソファ前に置かれたテーブルも、全てふたりの手づくり。まるでふたりの分身のような手づくり家具が随所に配されているからこそ、"らしい"雰囲気が漂っているのか……。「靴ずれしないお気に入りの靴みたい」と語る顕さんの言葉にも、空間の生み出すほどよいフィット感が表れている。愛犬のシナモンの定位置は、ソファのてっぺん。玄関も見張れれば、キッチンも目の前。仕事をしているときやベッドで休んでいるときも、ご主人たちの様子が一目で見渡せる。まさに絶好のポイントとなっているようだ。

愛さんの仕事スペースであり、顕さんの書斎。机や棚も全てふたりの手づくり。目の前の大きな白い壁は、いつか棚をつけるときのためにと下地にベニヤを貼ってある。

巨大な黒板スペースは部屋全体を引き締めるアクセントにもなっている。愛さんは、主に事務的な連絡事項のメモ書きに活用。顕さんは、得意のイラストで愛犬のシナモンを描くことも。

家族の時間をつなぐ
壁一面の大きな黒板。

仕事用デスクの隣に広がる大きな黒い壁。実は、特殊な塗料を使って黒板として仕上げられている。夜遅くまで自宅で仕事をしている愛さんが、朝早く出社する顕さんへ、「お弁当あるよ」なんて伝言も。そんな風に、忙しい夫婦の間をつなぐツールとしてリアルに役立っているそうだ。遊びに訪ねてくる友人たちにもなかなか好評。みんな、懐かしい気持ちになるのか、何かしら落書きを残していってくれるそう。

以前の住まい兼事務所で使っていた本棚を再活用。これまでは、2段重ねで使っていたものが、天井が高くなったことで3段重ねが可能に。もちろん、こちらもふたりのお手製。

家の隅っこでこそこそするより、家の真ん中で楽しく料理したい。料理好きな愛さんならではのこだわり。キッチンもガスオーブンまで備えた本格仕様。

DETAIL

もともと、この家で仕切り的に使われていた収納家具をベッドスペースの横にリユース。上質なつくりの家具は、時を経たことでヴィンテージテイストを醸し出してくれる。

コンパクトにまとめた水廻り。照明や鏡、水栓など、一つひとつのパーツにこだわりが満載。

既存のベランダと同じ高さの低い天井をつくることで、室内と連続したような空間を演出。

棚板を置いただけのシンプルな靴箱。スマートに収納すれば見せても十分オシャレ。

顕さんが家づくりのはじめからこだわっていたのが、土間スペースに飾ったハンモック。あまりの心地良さに、次は「お昼寝できそうな大きなものをもうひとつ掛けたい」とも。

手づくり派のふたりは、家づくりにも積極参加。床塗りは、このように自分たちで完成させました。

物件名	黒板の家
家族構成	夫婦+トイプードル
間取り	2LDK → 1LDK
専有面積	84.12㎡
リノベ面積	84.12㎡
建築年	1975年
リノベ年月	2010年5月
構造	鉄筋コンクリート造 2/6階
リノベ費用	800万円
物件価格	850万円
施工期間	1.5カ月

Before

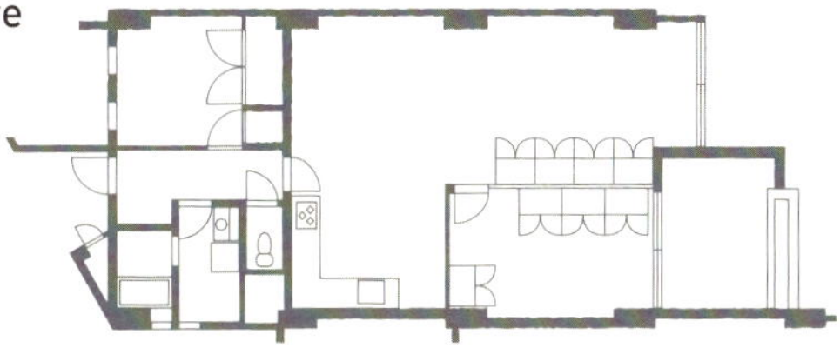

After

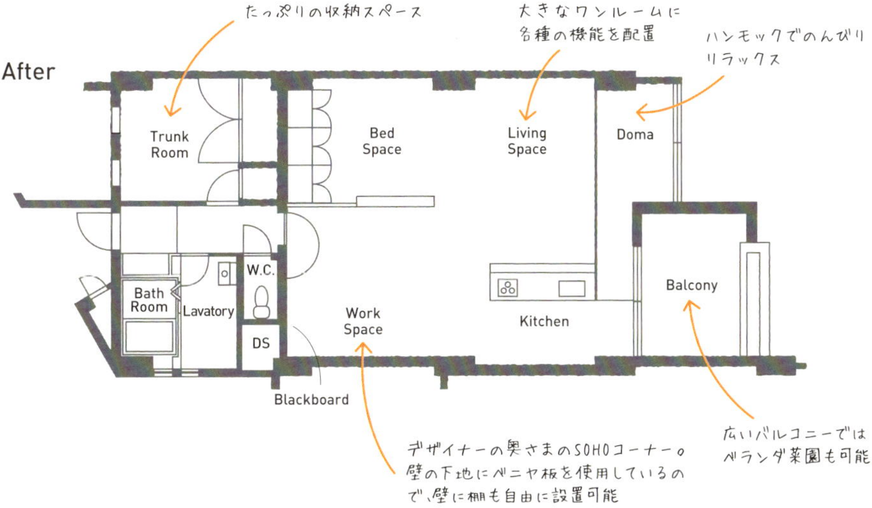
たっぷりの収納スペース
大きなワンルームに
各種の機能を配置
ハンモックでのんびり
リラックス
Trunk Room
Bed Space
Living Space
Doma
Balcony
W.C.
Bath Room
Lavatory
DS
Work Space
Kitchen
Blackboard
デザイナーの奥さまのSOHOコーナー。
壁の下地にベニヤ板を使用しているので、壁に棚も自由に設置可能
広いバルコニーでは
ベランダ菜園も可能

リノベの希望的法則1

服の趣味 × インテリアの趣味 ＝ 家

服を買うときの感覚で、家も選んでみませんか。「いやいやさすがに、服と違って、家は一生ものだから……」と、苦笑いされるかもしれません。そう、そうなんです。それなりの価格がするからこそ、服と同じ感覚で、気に入るもの（空間）を選んでほしいのです。
明るい服が好きな人、シックなモノトーンでまとめるのが上手な人、やっぱり定番のスタイルが落ち着く人。好みが違えば、ファッションのスタイルもそれぞれ。つまり、同じマンションだからといって、同じ広さだからといって、同じようにつくられた空間に住む必要はないのです。
もちろん、リノベーション空間は、キッチンやバスルームなどの設備面も更新するわけだから、機能性においても安心。長くはいても破れない、定番のジーンズのような感覚でしょうか。それに合わせるトップスは、それぞれの個性の見せ所。コットンや麻の素材感が好きというなら、家を選ぶときにも、その感覚で、手触りとか、足触りとか、素材との相性を優先してみるのもひとつ。また、服には流行がつきもの。家も自分のマイブームに合わせて、ちょっとオシャレのトーンを変えてみたくなったら、壁紙を貼り替える、色を塗り替える、ちょこっと壁に穴を開けちゃう、なんてことをするのもありなのです。とにかく、お気に入りの服のように、愛着をもって家を考えてみる。そうすればきっと、日々の暮らしにも一段と愛着がわいてくることは、間違いないでしょう。

窓の外には大きなバルコニー。
家の中心は、家族をそばに感じるリビング。

House Story 02

ルーバルの家

巡り合った住まいは、大きなルーフバルコニーのあるちょっぴり贅沢な空間。でも一番の贅沢は、好きなものに囲まれて、家族と一緒に過ごす日々。モノにも、人の間にも、ぬくもりを感じながら送る生活がありました。

大きな白い壁は、
住み手の感性を表現するキャンバス。

ヴィンテージ家具の愛好家である夫婦にとって、住まいはマイホーム&ギャラリー。「つくり込むための素材としての空間」とはご主人、秀二さんの言葉。その象徴が、リビングに配されたシンプルで大きな白い壁だ。70年代イギリス製のリビングボード、60年代デンマーク製のリビングテーブルなど、使い込まれた味のある家具たちがそこに収まることで、このスペースは完成をみている。「どんなリビングにしようか、これからが楽しみ」と、まだまだ成長過程のご様子。ただ、「ロックのポスターを飾るのだけはやめて欲しい……」と、釘をさすのは奥さまの紀美《もとみ》さん。
そんな木のぬくもりが満ちたリビングは、もともとあった和室を取り除き広々としたスペースを確保したものである。現在は納戸として使っている書斎兼トランクルームと夫婦の寝室を除けばメインの生活空間はここだけ。つまり、何をするにもみんながここに集まるというわけだ。それには「家族の顔をいつも見ながら暮らしたい」という、夫婦の思いが込められていた。特に仕事で帰りが遅くなることの多い秀二さんは、たまの休みが希少なリラックスタイム。普段は寝顔しか見ることのできない娘の陽葵《ひまり》ちゃんも、休日にリビングにいるだけでその愛らしい姿を見せてくれる。家族が常にそばにいてくれる、それこそが日々のうるおい。どんなに忙しくても、「とりあえず娘に『おじちゃん誰？』といわれたことはないですね」と笑う秀二さんの笑顔で、ひとまず家づくりは成功を収めているようだ。

書斎、子ども部屋をひっくるめた空間使い。幅広の床板もヴィンテージ家具に合わせてコーディネート。数年後には正式な子ども部屋をつくることも検討中だそう。

住まいも、家具も、クラシックなスタイルを好む山本さん一家。でも、最終的に選んだ物件は、まだ新しさが残る築15年ほどの物件だった。最優先事項としたのは、小さな子どもも含めた「暮らしやすさ」。駅の近さや、幼稚園、スーパーなど周辺施設の充実は外せない。都心の駅にほど近いマンションは、思い描いた条件にピッタリの物件だったよう。広いルーフバルコニー（ルーバル）を見た瞬間、ふたりとも「これだ！」と決めたそう。

真鍮がクラシカルなドアノブは、日常の中でリサーチを重ねた一番のこだわりの品。

リビングに向けて視界は良好。

本来あった場所から90°回転させたキッチンは、ダイニングスペースとともにリビングで遊ぶ陽葵ちゃんへの視野を確保。「料理中に子どもに背を向けたくなかったんです」と、紀美さん。生活スペースをひとつにまとめた利点はこんなところにも。日中、家事にいそしむ紀美さんにとって、お子さんの存在を常に感じられることはとても安心なよう。「ただ、かくれんぼには向いてないのがかわいそうですね(笑)」と秀二さん。確かに！でも、いつかきっとその愛情に気づいてくれるときがくるはず。

KITCHEN

ステンレスのキッチンは柱も計算に入れた特注品。フランス製のダイニングテーブルともぴったりフィット。実はこのパイプシャフトを隠した柱、陽葵ちゃんに隠れてつまみ食いをするのに便利という秘密が隠されていた。

「収納スペースはスッキリさせたい」という紀美さんの希望で取り付けた扉付きの食器棚。中は可動式の棚をあしらい、食器はもちろん電子レンジなどの家電までスッポリと収まるつくりに。

白を基調とするなか、暖色系の壁紙を使うことで温かみと落ち着きのある寝室を演出。収納の扉も白く塗装し、圧迫感を軽減。

さりげないアクセントウォールがよくなじむトイレ。元々あったラックはそのまま活用。

線路が近いため騒音が心配されたが、前のオーナーが二重窓にしてくれていたおかげで問題なし。

お気に入りの棚は、悩んだ末に洗濯機上のスペースに収まることが決定。

DETAIL

トランクルームにはクローゼットを造作。ちなみにこのトランクルーム、ゆくゆくは書斎を兼ねる予定とのこと。

木製の洗面台はインテリアともリンク。洗面所はリビングからアクセスするユニークな配置。

「バルコニーでとる食事は最高です！」と秀二さん。「ここでガーデニングにも挑戦したい」とアイデアも広がっている。特大のルーフバルコニーには、新しく照明と蛇口を設置。

スポット照明に照らされるギターとアンプは、学生時代から音楽が大好きだった秀二さんのもの。同じくリビングに置かれたターンテーブルからは、レコードの心地良い音色が響いてくることも。

物件名	ルーバルの家
家族構成	夫婦+子ども1人
間取り	3LDK → 2LDK
専有面積	67.66㎡
リノベ面積	67.66㎡
建築年	1994年
リノベ年月	2009年10月
構造	鉄筋コンクリート造 5/7階
リノベ費用	650万円
施工期間	1.5カ月

Before

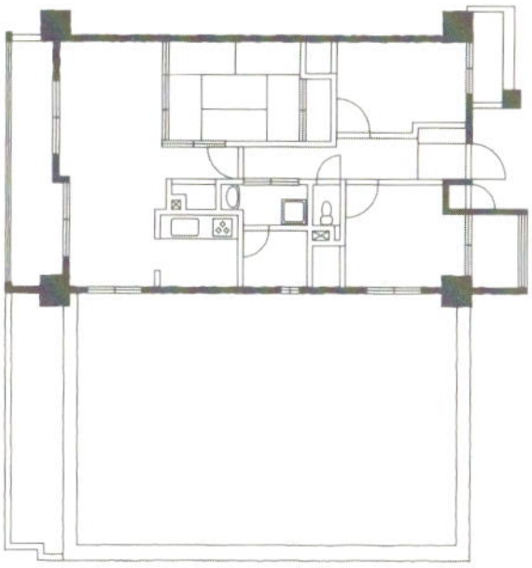

After

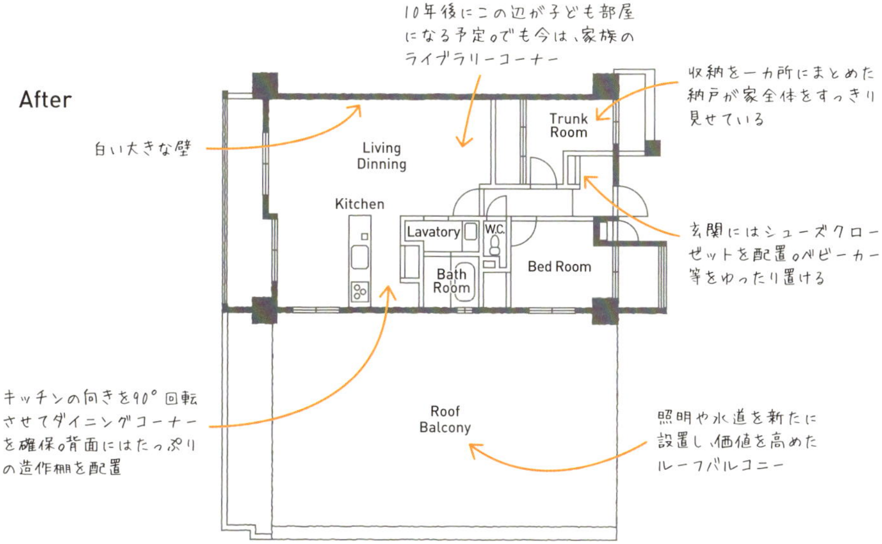

10年後にこの辺が子ども部屋になる予定。でも今は、家族のライブラリーコーナー
収納を一カ所にまとめた納戸が家全体をすっきり見せている
白い大きな壁
Living Dinning
Trunk Room
Kitchen
Lavatory
W.C.
Bath Room
Bed Room
玄関にはシューズクローゼットを配置。ベビーカー等をゆったり置ける
キッチンの向きを90°回転させてダイニングコーナーを確保。背面にはたっぷりの造作棚を配置
Roof Balcony
照明や水道を新たに設置し、価値を高めたルーフバルコニー

リノベの希望的法則2

リビング ÷ 育て方 ＝ 子ども部屋

子ども部屋を考える前に、育て方を考えてみませんか。子育て中の家族に、まずは、投げかけてみるアドバイス。「でも、年ごろになったら、子ども部屋は必要でしょ……」。確かに、ある時期になったらそうかもしれません。しかし、子どもが小さなうちから、子どもの居場所を仕切ってプライベート空間としてしまうことが大切なのでしょうか？
大きな社会問題とされる引きこもりやニートは、家の間取りも関係しているという見解もあります。ひとつ屋根の下に暮らしながらも、子どもたちが自分の部屋で心を閉ざしてしまう。もしかすると、そんな子ども部屋は、家族の心まで仕切っていたのかもしれません。欧米化が進む前の日本の民家では、茶の間が食事をする場所であり、テレビを見る場所であり、子どもたちが宿題をする場でもありました。子どもとの空間を仕切るのも、障子や襖。閉めればほどよく視線はさえぎるものの、気配は感じることができたのです。そんな、家族の関係づくりを家づくりと同時に考えられたら……。
まずは、図面に子ども部屋を確保するより先に、日々の子育てをどう過ごしたいかを描いてみてください。将来、子ども部屋になる予定の場だけれど、今は単なる物置部屋になりそうな空間を、十数年確保するのはもったいないと考えてみるのもありなはず。10年後、子ども部屋が必要になったときに、リビングなどのパブリックスペースの一角に壁一枚を追加工事することもできるのですから。

ちゃぶ台を囲む仲良し家族が、
いつも一緒にいられる住まい。

House Story 03

仕事場の家

築31年、戸建て感覚のヴィンテージマンションをSOHO仕様にリノベした「仕事場の家」は、「パパとママといつも一緒がいい」……そんな子どもごころをかなえた、親ごころの住まいでした。

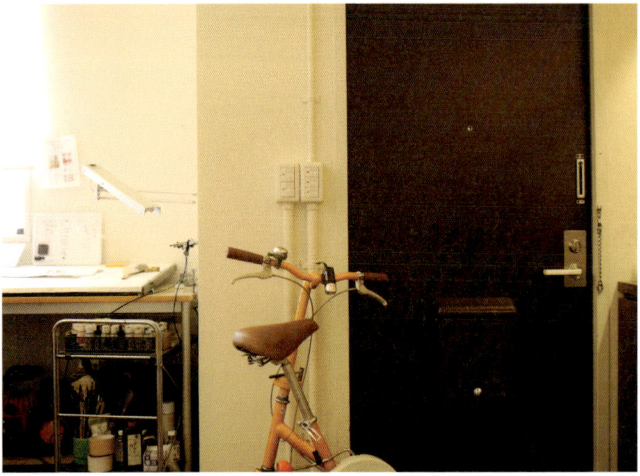

仕事も大事。家庭も大事。

「仕事場の家」は、その名の通り、仕事場と住居を兼ねたSOHO仕様のリノベーション。玄関から入るとすぐに仕事場で、建築パースやイラストの仕事を手がける夫婦ふたりのデスクが仲良く並ぶ。
仕事柄、多くのマンションの間取りを目にしてきたふたりだが、「結局、新築のプランはどれも似たりよったり」で、自由なプランにできるリノベーションを選択。市街地を見晴らす高台に、全40戸が土地の高低差を活かし、戸建てのような独立性を持って配置された「広くて割安で、かっこいい」築31年のヴィンテージマンションを新居と定めた。
プランは、「間取りや動線を考えるのが大好き」という奥さまの陽子さんのアイデアをベースにまとめられた。ポイントになったのは、壁式構造の「とれない壁」をどうするかということだったが、小上がりの和室の壁としてリ・デザインすることで、家族の親密な空間づくりに活かされることとなった。陽子さんは、「私のいろんなアイデアを、建築家の方が上手にまとめてくれました」と振り返る。ご主人の幹太さんがこだわった照明のほか、クロスを使わずペンキで仕上げた壁、無垢材の床などにも気を配った。「フローリングの床は子どもも一緒に、お友だちとか呼んで、みんなで塗ったんです」と陽子さん。
いろんな思い出とともに完成した「仕事場の家」に暮らして数年。「これからも、大事に暮らしていきたい」と、幹太さんは語ってくれた。

玄関から入ってすぐの仕事場は、ゆったりとスペースがとられている。大きめの窓からやわらかい自然光が差し込み、子どもたちのおしゃべりも心地良い、職住一体ならではの好環境。

両親が働くそばで、子どもたちが仲良く遊ぶ。家族はいつも、おたがいにその気配を感じながら、日々を営んでゆく。「仕事場の家」には、どこか懐かしい、ほっとする暮らしがある。おそらく子どもたちは、両親の働く姿から多くのことを学ぶのだろう。「電話が鳴ったら、静かにして仕事場から離れること。それがうちのルールなんです」。陽子さんのそんな話を聞いているそばで、「分かってますよー」といわんばかりに、ふたりの女の子たちはにこにこと笑っていた。

子どもたちは、仕事場と子ども部屋とを「んんん～♪」とハミングしながら行ったり来たり。だいたいごきげんなのだ。

ステンレスのシンプルなキッチンは、IHヒーターとあわせてアウトレットものを購入。仕切りを兼ねる食器棚もいい感じ。料理のほとんどは幹太さんの担当で、子どもたちの好きな献立は「たまごかけごはん！」らしい。

ちゃぶ台かこんで、
さあ、ごはん。

実は、「仕事場の家」には“家宝”がある。結婚を機に幹太さんのお母さんの実家から譲り受けた、年代物の“ちゃぶ台”だ。「このちゃぶ台を中心に間取りを考えたんです」と陽子さんが話すように、「仕事場の家」の「生活の場」の中心は、このちゃぶ台が鎮座する和室。「ダイニングで、居間で、寝室で、全てを兼ねてます」と陽子さんが語れば、「いちばん好きな時間は、ここで家族と食事するときです」と、幹太さんもうなずく。ちなみに、ちゃぶ台をひっくり返したことは、家族のだれも「まだ、ない」そう。

いつも家族とともにある、自慢のちゃぶ台。ひっくり返すと「昭和八年九月新調 井上内」との裏書きが。古いって、あったかい。

陽子さんが悩んだキッチンの配置は、「建築家の方が見事に解決してくれました」。
寝室を兼ねる和室への動線を考えて、キッチン右奥に寝具の収納スペースが設けられている。

子どもたちのお気に入りの場所となっている、ロフトのあるキッズルームは、
土壇場の劇的なプラン変更で生まれたもの。下部は納戸になっている。

コンクリートの型枠材として使われ、そのまま残っていたデッキプレートのテクスチャーを活かした天井。これぞヴィンテージの愉悦。

リビングに仲良く並んだ子どもたちの机。窓の外にはなだらかな坂道が見える。もちろん、ふたりとも坂道だってへっちゃら。

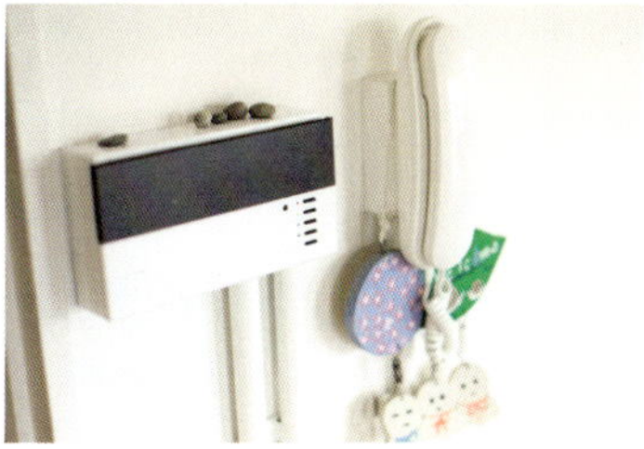

幹太さんこだわりのルートロンの調光器の上には、子どもたちが集めた小さな石たち。てるてる坊主の飾りにも、なごみます。

折上げ天井にも仕込まれた、間接照明。幹太さんが唯一こだわったという照明は、その人柄のように、やさしいのです。

かなり広めのバルコニーですが、幹太さんいわく「このマンションでは狭いほう」。これで「狭いほう」とは、ヴィンテージマンション、おそるべし。

食事の場であり、くつろぎの場であり、ふとんを敷いて眠る場でもあり、お絵描きの場でもある小上がりの和室。壁式構造の壁が上手に活かされている。段差の下の間接照明が、夜にはやさしく灯ります。ちなみに、子どもたちはふたりともかなりのお絵描き上手。さすがイラストレーターの娘たちです。

物件名	仕事場の家
家族構成	夫婦+子ども2人
間取り	3LDK→1LDK+SOHO
専有面積	95.58㎡
リノベ面積	95.58㎡
建築年	1979年
リノベ年月	2007年4月
構造	鉄筋コンクリート壁式構造 2/3階
リノベ費用	1,200万円
物件価格	1,100万円
施工期間	1.5カ月

Before

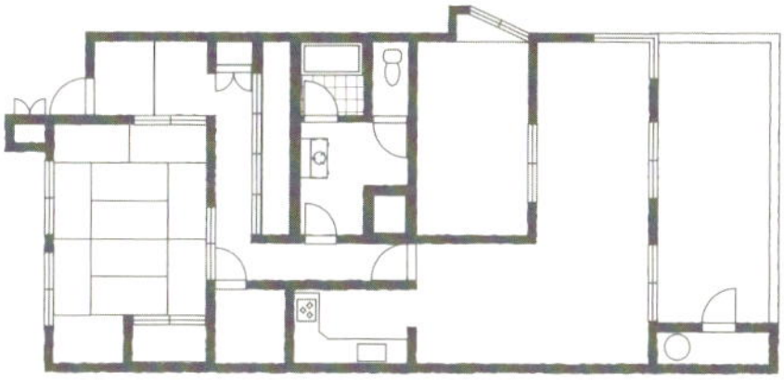

After

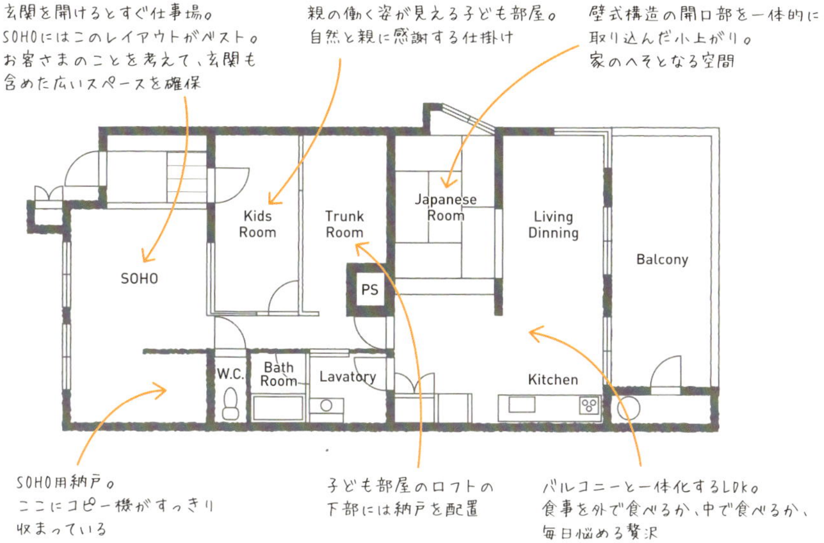
玄関を開けるとすぐ仕事場。
SOHOにはこのレイアウトがベスト。
お客さまのことを考えて、玄関も
含めた広いスペースを確保
親の働く姿が見える子ども部屋。
自然と親に感謝する仕掛け
壁式構造の開口部を一体的に
取り込んだ小上がり。
家のへそとなる空間
Kids Room
Trunk Room
Japanese Room
Living Dinning
Balcony
SOHO
PS
W.C.
Bath Room
Lavatory
Kitchen
SOHO用納戸。
ここにコピー機がすっきり
収まっている
子ども部屋のロフトの
下部には納戸を配置
バルコニーと一体化するLDK。
食事を外で食べるか、中で食べるか、
毎日悩める贅沢

リノベの希望的法則3

日本の家 × 家族の気配 = 脱LDK

家の広さは、ある意味で暮らしのゆとりの指針となるもの。「４ＬＤＫの家に住んでいる」といえば、「広い家にお住まいですね」と、答えてしまうこともあるかもしれません。４ＬＤＫ＝広い家。果たしてそれは、正しい感覚なのでしょうか？

リノベーションをする際には、LDKの概念をリセットしてみることをオススメしています。せっかく既存の間取りに縛られずに、新しく空間をデザインするのだから、既成の間取りに収めてしまわない発想を大切にしてみる。部屋数を確保するために、一部屋が4畳半もない狭いスペースになるぐらいなら、いっそのこと仕切りをなくして広々としたスペースを確保してみる。例えば、リビング空間を大きくとって、そこに寝室的なスペースを配するのだって悪くはないし、勉強スペースをつくってみるのもあり。食事の支度をしている横で、子どもは勉強。お父さんは、ごろごろ。家族の気配を感じつつも、各自が自由に過ごせる。本来の日本の民家はそんな空間構成、マルチタスクなコミュニティースペースが存在していたはず。

水廻りのような空間だって同じ。トイレの空間が狭くなるのであれば、いっそのことバスルームと一体化して開放的にしてみてみると、朝の歯みがきというコミュニケーションが家に生まれます。その結果が１ＬＤＫという表記となったとしても、そこには４ＬＤＫ以上に開放感あふれる「ゆとり」と「ふれあい」が存在するはずです。

自らが育ったマンションで、
新しい家族とはじめた新しい暮らし。

House Story 04

縁側テラスの家

もともとご主人が子どもの頃から暮らしていたマンションへ、両親の引越しを機に移り住むことに。新しい家族も増え、新しい住まいの歴史がはじまりました。

MUSASHI

便利を叶えるロケーション。
広いリビングで叶えたゆとり。

数メートル歩けば、オシャレなショップや人気の飲食店が立ち並ぶ、まさに、都会の真ん中にあるマンション。ご主人の智仁《ともふみ》さんが育った場所でもある。奥さまの伸代さんとは、中学時代の同級生。ふたりにとって、この周辺は子どもの頃から慣れ親しんだ環境でもあった。両親の引越しを機に、この場所で暮らすことを決心したのも「すごく自然な流れ」だったそう。
しかし、人の多い街中で暮らすだけに、こだわったのは「広いリビング」。いくつかの設計プランを出してもらうなかでこれぞと思った案が、リビング横にフリースペースを配置するプラン。引き戸を開けばリビングと一体化する空間は、念願の広いリビングの発想にもぴったり。設計者の語る「近い将来、子ども部屋にしたとしても、子どもが部屋に引きこもらないスペースになるはず」という説得にもうなずけたという智仁さん。この時期、妊娠中だった伸代さんは、「自分の体のことで精一杯。家の設計は主人に任せました」と、当時を振り返る。とはいえ、「設計の方と話したことを、主人が家でプレゼンテーションしてくれたから全て納得しています」と、コミュニケーションはバッチリとれていたよう。ふたりの仲の良さがうかがえる。
もうひとつ、この家で特徴的なのがインナーテラス。リビングの一角につくった、まるで縁側のような空間だ。普段は、「ここに腰掛けて、テレビを見たり、子どもと遊んだりすることが多いですね」とは、伸代さん。たまのお休みには、智仁さんが趣味のトライアスロン用の自転車をチューンナップするなど、リビングで過ごす時間に彩りを添えるスペースになっているようだ。

将来の子ども部屋スペース。今は、リビングと一体化していつもオープンな状態。
理央ちゃんの宝物のおもちゃが、かわいいアクセントになっている。

家が完成するのとほぼ同じ時期に、長女の理央ちゃんが誕生。新しい家での生活は、すこし先を考えていたものの、完成した家を見た伸代さんは、「すぐに住みたくなった」そう。出産後すぐに引越しをしたのも、今ではいい思い出。取材にお伺いしていたとき、ちょうど、お隣さんが自家栽培した野菜を持って遊びに。マンション内にも、ほどよいコミュニティーができているよう。いろんな面で、安心して子育てができそうな環境だ。

リビング側は、都心の中でも住宅街に面しているのでとっても静か。一日のあれこれを終えて、ひとりリビングでのんびりするのが伸代さんの「至福の時間」。

KITCHEN

餃子にタコス、
友達を集めて
にぎやかパーティー。

住まいが完成して何よりの楽しみが、友達を招待すること。ふたりの友人や、ママ友、この広いリビングがあれば、ある程度の人数が押し寄せてきても大丈夫。これまでにも、餃子パーティーやタコスパーティーを開いたのだとか。理央ちゃんの友達が集まったときは、「みんな元気一杯、リビングを走りまわる」ことも。そんな様子も、「キッチンに立ったままで見渡せるので安心です」と、伸代さん。家具のセレクトも任された智仁さんは、友達を呼ぶことを想定して、「ダイニングテーブルは大きめのものにした」のだとか。数年後、このテーブルで、「理央が宿題をしてくれたらいいですね」とも、語ってくれた。

リビングの主役にもなっているアイランド型のキッチン。
後ろには収納スペースのほかに、浴室への動線となる扉も
付けて、日々の家事の効率アップをサポート。

寝室の窓辺には、ちょっとしたカウンタースペースを設置。パソコンを置いたり、デコレーションスペースとして活用したり。

智仁さんが一番落ち着く場所にあげたトイレ。ここに本をもって、しばしこもることもよくあるそう。

大きなトランクルームが別にあるので、寝室の収納スペースはさほど大きくとらずに、間取りの広さを優先。

DETAIL

玄関にちょっとしたアクセントをつけるタイル。上から間接照明を入れることで、ほどよい陰影もプラス。

寝室の天井を剥いだことで現れた大きな梁を、デザイン的にそのまま見せて。

浴室、トイレの上には、明かり取りのためのガラス窓を。夜は、電気が付いていることで「使用中」の目印にもなっているそう。

理央ちゃんのマイブームは、マイケル・ジャクソン。何十回もビデオを見て踊りもマスターしているのだとか。衣裳に着替えて、リビングでご自慢のダンスを披露してくれました。

物件名	縁側テラスの家
家族構成	夫婦+子ども1人
間取り	4LDK→1LDK+フリールーム
専有面積	91.85㎡
リノベ面積	91.85㎡
建築年	1982年
リノベ年月	2007年9月
構造	鉄筋コンクリート造 11/11階
施工期間	2カ月

Before

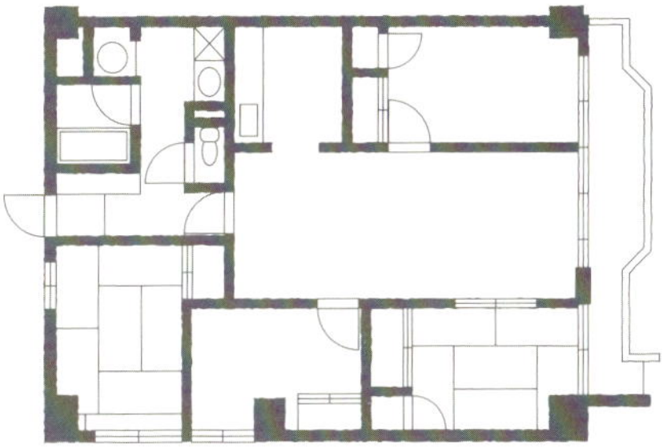

After

キッチンと廊下からの回遊
道線のある洗面室。
けっこう便利

アイランド型のキッチンは
部屋の一番のインテリア。
家族が見渡せる場所

全てが緑色のトイレ。
ドア上部には明かり
取りのスリットを設置

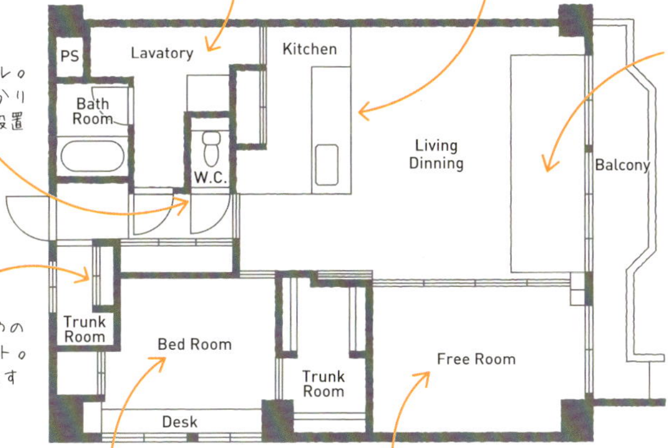

インナーテラス。
バルコニーをLDkの
クッション的な空間
にした、曖昧な感じ
が日本人には心地
良い

オシャレな夫婦のための
シューズクローゼット。
ベビーカーもしまえます

ホテルライクな書斎付きの
寝室。カウンターはパウダー
スペースにもなる

10年後の子ども部屋。
今はまだ子どもが小さいので、
LDkと一体化して使用。
ゲストルームにも最適

リノベの希望的法則4

ベランダ × ワビサビ = 縁側

マンションの場合、ベランダ＝洗濯物を干す場所。そんなイメージがあるかもしれません。もちろん、日々の暮らしの中で洗濯は欠かせないこと。それだけに、物干し場をベランダに確保することは必須です。同時にベランダは、光も差し込めば、風も通り抜ける、内と外をつなぐ心地良い場所。住まいの中のスペシャルな場として活かすため、もっと積極的に機能を取り入れてみるのはどうでしょう。

例えば、昔の日本の民家には必ず存在した縁側的な概念。「内」と「外」をつなぐ曖昧さは、まさに日本人のワビサビがつくり出した空間です。

具体的には、リビングに面したベランダに、リビングの続きとなるようなデザインを取り入れてみるのもひとつ。床の高さを同じにしてみる、床と同じような素材感のものを使ってみるといった、ちょっとした工夫で、空間に連続性が生まれてくるものです。

また、昼と夜で、ちょっと役割を変えてみるのもひとつ。昼間はたくさんの洗濯物を干していたスペースも、夜になるとガラリと雰囲気を変える。そんなときに役立つのが外部照明。部屋の照明は落として、ベランダの照明をメインに夜の暗さを楽しむ。行灯《あんどん》や提灯《ちょうちん》などを好んで使った、日本ならではの情緒あふれる暮らしを再現するようでもありますね。

さらに、逆転の発想でベランダを家の中に取り込んでみるなんて空間づくりもあり。全天候型のインナーバルコニーは、趣味を楽しんだり、ほっとくつろいだり、まさに縁側的な空間になるはずです。

お気に入りの眺望はそのままに、
リノベーションで暮らし方まで大きくリセット。

House Story 05

風呂の家

人気エリアで抜群の眺望を誇る高台のマンション。その景色のよさに惚れ込んで、一家がここで暮らしはじめたのは30年ほど前。そして数年前、立地の魅力はそのままに、住空間をリセットすることで、新たな希望が再生されました。

漠然と描いていた住まいへの希望を、リノベーションという形で再生。

ゆるやかな坂道をのぼっていくと、道路脇に「ここは山の手通り」と記された看板に出合う。片側の窓からは街の風景、もう片側からは、動・植物園も含む広い緑の公園。風呂の家からは、「山の手」と呼ぶにふさわしい眺望を楽しむことができる。一家がここのマンションに越してきたのは28年前。もちろん、「この大パノラマに魅了されて」だ。
もともとは、別の階に住んでいたのだが「せっかくの大パノラマ、もっと贅沢に楽しめたら」と、すぐ下の大きなルーフバルコニーのある部屋まで購入することに。もちろん、眺望だけではない。「マンション内にできているコミュニティーも気に入っていたし、私たち夫婦のスタイルには、一戸建よりマンションが合っていたから」と、語るのは奥さまの香代子さん。今は、香代子さんの両親が上の階に暮らしていて、ほどよい距離感で家族がつながっている。
そんな住まいをリノベーションしようと思ったきっかけは、娘さんの独立。夫婦ふたりになってから、「漠然とですが、家の中をすっきり変えたい」と思うようになった。この頃から、雑誌を見たり、オープンルームに出かけたりしていたそうだが、部分的な改装が多く、なかなかしっくりくるアイデアとは出合えなかった。それだけに、壁まで取りはらってのリノベーションは、「すっきり変えたい」気持ちにぴったりはまったわけだ。海外出張の経験も多かったご主人の徹也さん、そして、雑貨店を経営する香代子さん。「ふたりとも凝り性だから、モノも多かった」そう。リノベーションをきっかけに、「使わないものは捨てる。全部リセットできたのもよかった」とは徹也さん。シンプルな空間の中には、厳選を重ねられたであろう品が、ほどよくしつらえられ、素敵な輝きを放っている。

風の抜けがよい手前側のベッドが徹也さん。就寝時間が早い香代子さんが奥側。

玄関から入ってベランダに抜けるまで、パーテーションを開いておけば全てが開放的に見渡せるつくりに変更された空間。収納も大きな納戸に一括。まさに、すっきりした暮らしが実現されている。「今思えば、部屋数は多かったけど、使ってない部屋もありました」と、香代子さん。リビングの横にある、大きなサッシを配置したお風呂もかなり開放的。部屋の中から、風呂が見えるレイアウト。でも、夫婦ふたりなら、「全然気になりません」とは、徹也さん。逆に風も通れば、光も通る、家の中にいながら露天風呂感覚。さらに珍しいのが、縦に並ぶ寝室。それぞれ寝入る時間が違うので、こんな斬新なアイデアも「住んでみるとなかなか快適」と、夫婦共に満足のよう。

やさしい表情をつくりだす壁の青。
それは、まるで夫婦の人柄のよう。

「設計の主導は奥さん。僕はついていっただけ」と家づくりのプロセスを振り返る徹也さん。しかし、ひとつだけこだわったのは、風呂に使うタイルの色を青にすること。実は、このタイルの色を選んだことで、壁紙に「インディゴブルー」を使うことが自然と決まったそう。何で青だったのかは「分からない」と徹也さんは笑うが、香代子さんによると、普段からジャケットも黒ではなく青を好んで着ているのだとか。「住まいは自分たちの鏡」。そんな風に語る香代子さんの言葉にもうなずける。

洗面脱衣室のカギになっているのも青のタイル。香代子さんが好きなタイル素材と、徹也さんのこだわりの青の合作だ。

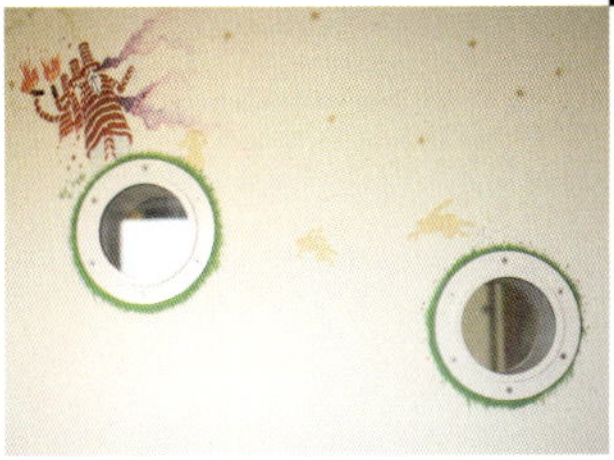

玄関から広がる土間は、ルーフバルコニーまで続く。絵心のある友人に描いてもらっているという窓まわりの絵をはじめ、ほどよく飾られた雑貨によって、ふたりらしさが表現されている。

土間の一角を利用した収納スペース。ヴィンテージなテイストのオシャレなストーブは、暑い季節はインテリアとして活躍。

壁を利用した靴の収納スペース。こうしたところにも、すっきりした暮らしが叶えられている。

すぐ上の階に暮らす両親とは、ルーフバルコニー越しに会話をすることも。いずれは、螺旋階段でつなぎたいといった構想もあるとか。

徹也さんの趣味はギター。ボサノバのリズムが、通り抜ける風と一緒に心地良いときを届けてくれます。

徹也さんの実家はお寺。お父さまからいただいたという仏具も、暮らしの中にすんなりと溶け込んでいる。

ルーフバルコニーと逆の窓からは、この眺望。都心に暮らしながら、日々この緑を楽しめるのはまさに贅沢。

昔の間取りでは、壁側にキッチンがあって「とにかく夏場は暑かった」のだとか。今は、「快適。素敵な主婦になった気分」と、笑顔の香代子さん。近くに住んでいる娘さんが遊びに来る日は、腕によりをかけて料理をつくっているそう。

物件名	風呂の家
家族構成	夫婦
間取り	2LDK → 1R
専有面積	67.20㎡
リノベ面積	67.20㎡
建築年	1978年
リノベ年月	2008年9月
構造	鉄筋コンクリート造 9/10階
リノベ費用	1200万円
物件価格	1000万円
施工期間	1.5カ月

Before

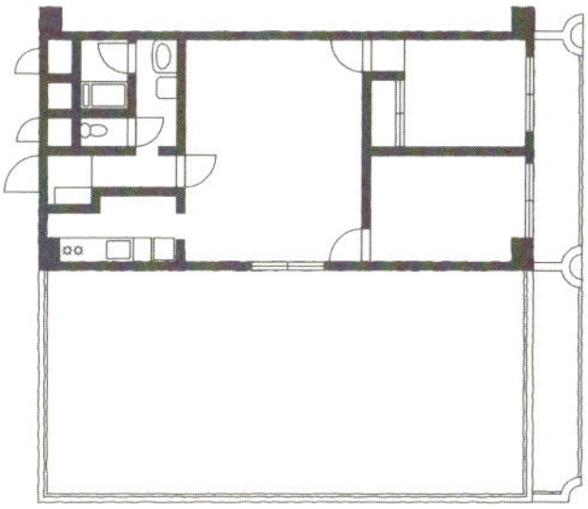

After

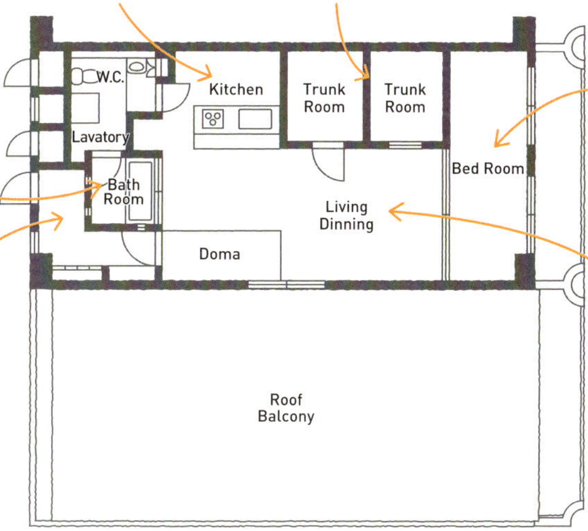

ペニンシュラ型キッチンからは、ルーフバルコニー越しに上質な眺望を楽しめます
家をすっきりさせるための大容量のふたつの納戸。夫婦ひとりにひとつ確保
屋内露天風呂！リビング側にサッシを配置し、気分はリゾートホテル
細長い寝室にはシングルベッドをふたつ向き合わせて配置。寝ている反対側で読書していてもじゃまにならない
ルーフバルコニーの利便性を向上させるため靴のままアクセスできる動線を確保
寝室のパーテーションを開けると完璧なワンルームのルーフバルコニーと一体化するリッチな1LDK
W.C.
Kitchen
Trunk Room
Trunk Room
Lavatory
Bed Room
Bath Room
Living Dinning
Doma
Roof Balcony

リノベの希望的法則5

個室 × リラックス ＝ バスルーム

日本人は昔から銭湯や温泉が大好き。家で過ごす時間の中で、お風呂を至福の時間と考える人は少なくありません。最近、結婚した某歌舞伎スターなどは「家の半分がお風呂です」と語るように、お風呂に予算を惜しみなく注ぎ込む住まいも多くあります。

しかし、戸建住宅とは異なり、マンションでは、どうしてもバスルームなどの水廻り空間は、レイアウト上、中心部に追いやられる傾向にあります。パイプスペース位置に縛られると共に、窓側に多くの居室を配置することが求められ、お風呂は窓のない閉ざされた空間となりがち。その事実を払拭するかのように、浴室乾燥機や保温効果の高いバスタブといった機能を盛り込むケースが多く見られます。

もしもリノベーションの際に「お風呂にはこだわりたい」と考えるなら、お風呂をプライベートスペースとして位置づけてみてはどうでしょう。そして、もっと気持ちのいい場所にバスルームを再配置してみる。眺望の良い窓側に移動したり、寝室と一体的な配置にしたり、パイプスペースへの排水管の勾配が確保できる範囲内なら、実はそれほど配置には影響しないものです。ガラス張りのお風呂は、「子どもが大きくなったらどうなるの！」とお叱りを受けるかもしれませんが、ご安心ください。そのときが来たならば、ガラスにシートを貼ったり、視線より下の位置に壁を設置したりすればいいんです。リノベーションはお風呂が好きな方の味方なのです。

House Story 06

リビングアクセスの家

都心部の人気エリアに静かにたたずむ、ロングライフデザインの香り高い築33年のマンション。そこではじまったのは、新しいふたりが将来へアクセスするための、まっさらであたたかな暮らしでした。

リノベーションだから実現した
新出発の新居は、
玄関開けたら、すぐリビング。

やがて、小さないのちがやってくる。

この春に結婚したおふたり。ご主人の薫さんは思った。「お約束として、新婚＝新居だろう」と。そして考えた。「当然、最初は賃貸。だけど、この場所（市内でも屈指の人気エリア）で探すと、家賃が高い。でも、場所は譲れない」。そして奥さまの美保さんに相談した。「リノベはどうだ」と。美保さんは答えた。「なんでそんな古いマンション買うのよ？」
そんな美保さんが納得したのは、「リノベなら間取りもぜんぶ自分たちの好きなようにできるから」という理由だった。食事の時間を大切にしている美保さんのこだわりは、キッチン。当初はアイランド型かカウンター型を希望していたが、設計担当者から出された3つの案を検討し、ふたりが「空間にムダがない」と満足した、広々としたリビングを持つ1LDK＋ウォークインクローゼットというプランに決定。かくして、玄関を開けたらすぐリビングで、そのリビングから全ての場所にアクセスできる「リビングアクセスの家」が誕生した。南からたっぷり陽が入る住空間は、ふたりの人柄もあってか、全て「白」でデザインされているにもかかわらず、あたたかなぬくもりに満ちている。実はこの住まい、玄関の土間の一部をつぶして、もう一部屋増やせるように予め想定してある。そう、家族はまもなく親子3人になるのだ。やがて、リビングから見通せる玄関のドアが開いて、新しい小さないのちがやってくる。美保さんいわく、「この白い壁に落書きされても、うれしいかなと」。

玄関のドアを開けたら、この眺め。まさに「リビングアクセスの家」。
空間にムダもじゃまなものもなく、キッチンとダイニングテーブルでの会話も弾むそう。

広々としたウォークインクローゼットの一角に設けられた、ワークスペース。

ふたりに好きな時間をたずねたら、「いろいろ話しながら、一緒にごはんを食べているとき」と、同じ答えが返ってきた。新婚ですものね。キッチンからはリビング全体が見渡せ、畳を置いて寝かせておく予定の赤ちゃんも、しっかり見守れるはず。グラフィックデザイナーである薫さんは、ドアノブやスイッチ、バスルームのタイルやシャワーヘッドなど、住まいの細部にもこだわりの見立て。「この住まいも、まだまだ僕と一緒で発展途上」と語る。今後が楽しみ。

引越したばかり、しかも美保さんは大の片付け好き、ということで、リビングは常にきちんと美しい。「持ち家になって、ますます掃除のしがいがあります」と、美保さん。住みこなしてゆくうちに、いろんな思い出の品が、少しずつ増えていくのだろう。

スケルトン状態のコンクリートをていねいに磨き、その風合いをそのまま活かした玄関。左側の収納棚には、扉に照明スイッチが取り付けられている。

棚板やパイプでシンプルに仕上げた多様性のある収納。

これぞヴィンテージ！なバスルームの照明と、モダンデザインで名高いハンス・グローエのシャワーヘッドの対比がオツ。

築33年のバスルームも、リノベでこの通り。タイルがセンスよし。

白でスッキリとまとめられた洗面室。それにしても片付け上手。

ベッドルームも、白い天井、白い壁、白い床で、すっきり。ウォークインクローゼット上部にひと工夫された窓で、明るさと開放感が満ちる。

写真右のヴィンテージなガス栓は、部屋のアクセントとしてそのまま残された。

家の中の小さな家のような、かわいいキッチン入口のデザイン。「一日の中で、私がいるところはここがいちばん長い」と、美保さん。キッチンのゆったりとした広さについては、「気分がちがいます。やる気がわきます」。休日には薫さんも料理の腕をふるう。

物件名	リビングアクセスの家
家族構成	夫婦
間取り	3LDK→1LDK+WCL
専有面積	61.74㎡
リノベ面積	61.74㎡
建築年	1977年
リノベ年月	2010年7月
構造	鉄筋コンクリート造 5/11階
リノベ費用	900万円
物件価格	950万円
施工期間	1.5カ月

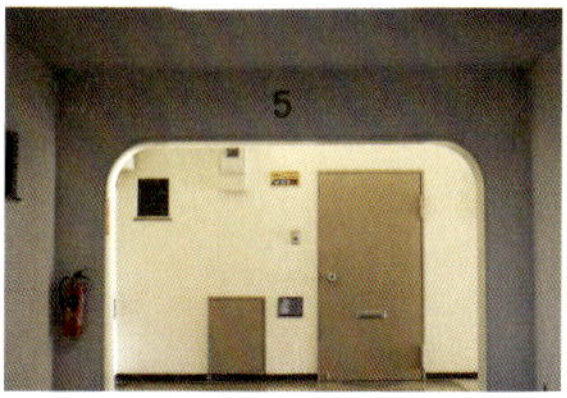
5

Before

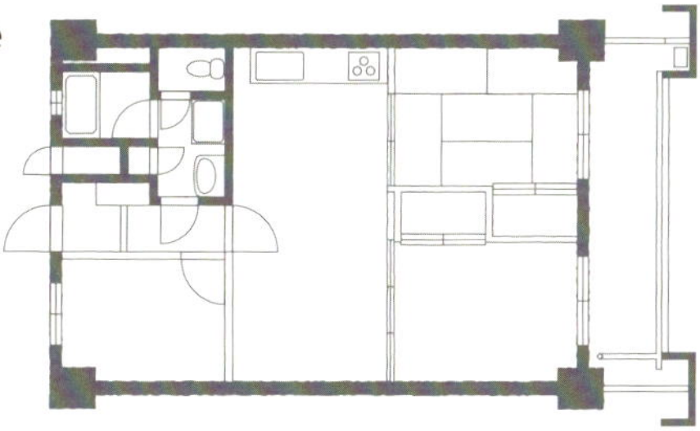

After

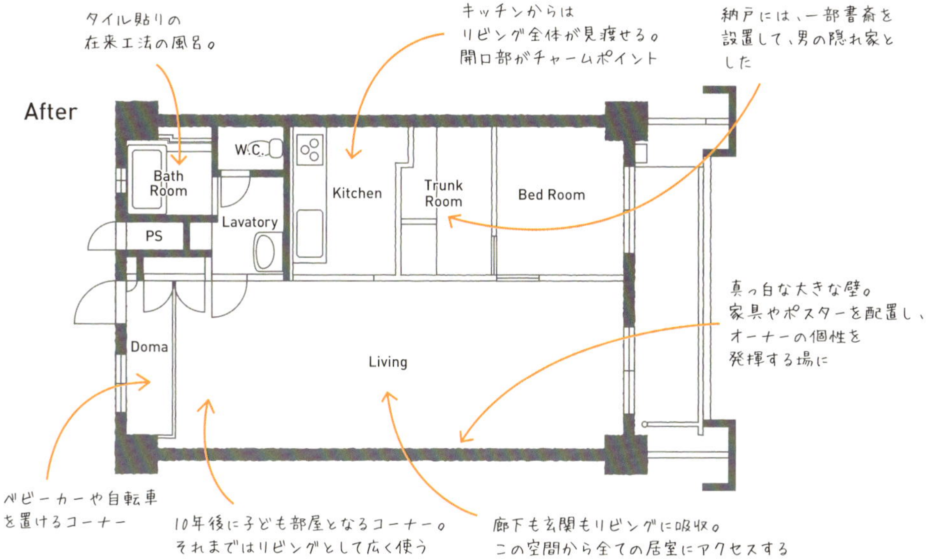
タイル貼りの
在来工法の風呂。
キッチンからは
リビング全体が見渡せる。
開口部がチャームポイント
納戸には、一部書斎を
設置して、男の隠れ家と
した
W.C.
Bath Room
Kitchen
Trunk Room
Bed Room
Lavatory
PS
Doma
Living
真っ白な大きな壁。
家具やポスターを配置し、
オーナーの個性を
発揮する場に
ベビーカーや自転車
を置けるコーナー
10年後に子ども部屋となるコーナー。
それまではリビングとして広く使う
廊下も玄関もリビングに吸収。
この空間から全ての居室にアクセスする

リノベの希望的法則6

収納 − デッドスペース ＝ 納戸 ＋ 白い壁

「収納はたっぷりほしい」。住まいを考えるときに、あがってくる希望のひとつです。一般的に考えると、各部屋に押し入れやクローゼットなどのビルトイン収納を確保するのがベスト。と、思えますが、本当にそうでしょうか？
狭小のマンションの場合、各部屋に収納スペースをとってしまうと、必然的に家具のレイアウトが決まってしまいがち。それでは、せっかくこだわりの家具を置きたくても、「場所がないから……」と、諦めてしまう結果に。だったら、いっそのこと部屋にビルトイン収納をなくしてしまってはどうでしょう？もちろん収納は必要です。そこで活躍するのが納戸。つまり「トランクルーム」や「ウォークインクローゼット」です。
さまざまな備品を一カ所に集中して収蔵しておく納戸では、見せる収納より機能を優先できます。IKEAや無印良品などのモジュールの統一された家具で、システマチックに片付けてみるのもひとつの考え方。今は大切なバートンのスノーボードも60代になったら（たぶん）必要なくなります。ライフステージによって持ち物が変わったら、収納家具のサイズや形も変えていくといいでしょう。
そうして、壁面収納が少なくなることで、出現するのが大きな壁面。ここが、オーナーの感性を表現するキャンバスとなるんです。リノベーション空間のカスタマイズには絶好のポイントです。

住みこなしてゆくことによって、
とくべつなものになってゆく住まい。

House Story 07

土間の家

築36年のマンションをリノベした「土間の家」は、リノベエステイト代表 松山真介の住まい。そこには、「住まいはかくあるべし」という考えを散りばめていた。

住めば住むほど
味が出てきて、ありがとう。

もともと引越し好きのヴィンテージマンション好き。結婚後も4回の引越しを経て、この味のあるマンションに辿り着いた。最初は賃貸で住んでいたが、上層階に分譲物件が出て、マンションの立地環境とコミュニティーを気に入っていたこともあり、購入を即決。この自らの決断が、リノベエステイトの本格始動へとつながっていった。
コンセプトにしたのは、“人がたくさん来てパーティーを楽しめる家”。自らの住まいに対する考え方をひと通り入れた結果、完成したのは、13.2mの「土間」を持つ家だった。まず、訪れる人に「ここ普通の家？」と、驚きを与える土間は、日本家屋の建築要素を取り入れたもの。縁側風につくりあげたベランダまで、心地良い流れをつくっている。さらに、脱LDKの発想から、あえて玄関や廊下をつくらず100㎡としてはリッチな1LDK＋S（サービスルーム）という間取りや、トランクルームに集約された収納のアイデアなど、住空間の隅々に自らの考えを取り入れていった。
ここで暮らして、数年が過ぎた。妻は、「住めば住むほど味が出てきて、ありがとうって感じですかね」と暮らし心地を語る。「家はできたときが完成じゃなく、時間をかけて自分らしくしていくもの」。自ら語る住まいに対する考えが、これから試されることになる。

玄関からベランダまで一直線に伸びる13.2mの土間。夜には足元の間接照明により、コンクリートの質感がやわらかな表情を見せる。右側の低く長い棚は、収納と腰掛けを兼ねている。

玄関ドアからの写真。入口すぐのガラスのドアが、曖昧に空間を仕切っている。

心地良さに合わせて
カスタマイズ。

持ち家になって、何より楽しみになったのが家をカスタマイズしていくこと。デザインの研鑽《けんさん》を兼ねて、たびたび出かける海外旅行では、部屋に置きたい家具や雑貨を探すのが楽しみ。フランスのシールで飾った壁や、東ドイツでみつけたアンティークな食器、北欧のアートなど、一つひとつが暮らしをつくっていく。「家を人に合わせて変えていく」という設計に対する思いのもと、これからも家族の変化に合わせて空間もカスタマイズしていく予定。

ダイニングの照明は、ルイス・ポールセンのアンティークもの。旅先のデンマークから手荷物として大切に持ち帰った思い出の品。

シンプルなステンレスのキッチンは、オリジナルデザイン。
友人を招いてホームパーティーを開くときは、土間スペースを使って、みんなでわいわい料理を楽しむ。

広々としたベッドルームは、ガラス張りのバスルームとも一体化して、開放感満点の空間に。

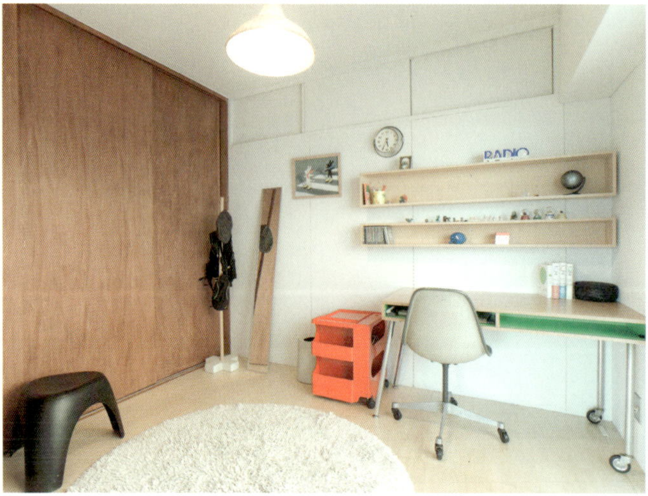

リビングの壁の奥に隠されたサービスルーム。
その中には、さらにトランクルームが隠されている。

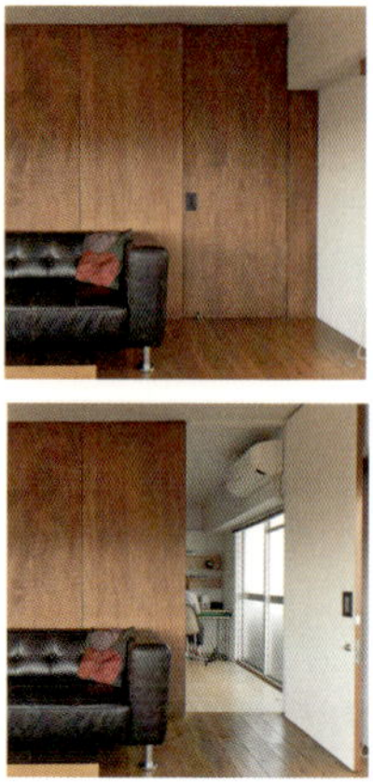

シナ合板の壁の隅が、隠れ
部屋への入口。

愛犬ボニーとミナのための玄関先の足洗い場。
旅先のフランスで買ったシールで壁をデコレーション。

ずらりと並んだルートロンの調光器で、光を巧みに演出。

あえて、チープシックにまとめた寝室の照明。
天井のヴィンテージな風合いと合わせて。

リビングの床と同じ杉材を使い、レベルとラインをきれいに揃えることで、
「縁側」のようなベランダを実現。

「ゆっくり本を読む」。そんな時間も楽しめるガラス張りのバスルーム。洗面、洗濯、トイレなどの機能が一カ所にまとめられた空間スタイルは、ヨーロッパあたりのホテルを参考に。

物件名	土間の家
家族構成	夫婦＋犬2匹
間取り	3LDK→1LDK＋S
専有面積	99.0㎡
リノベ面積	99.0㎡
建築年	1974年
リノベ年月	2004年10月
構造	鉄筋コンクリート造 10/11階
リノベ費用	1,000万円
物件価格	1,800万円
施工期間	2カ月

Before

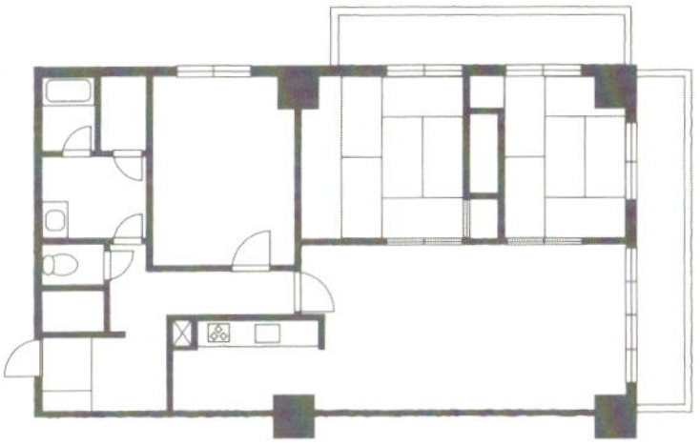

After

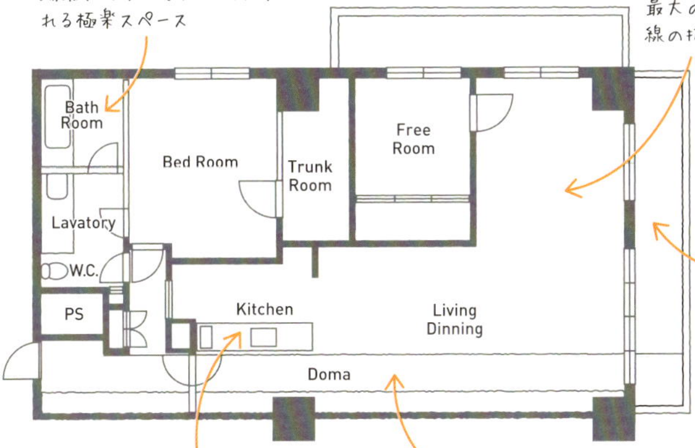
寝室と一体化したバスルーム。湯船につかりながらTVが見られる極楽スペース
L字型のLDK。最大の対角線を確保し、視線の抜けにより広さを演出
Bath Room
Bed Room
Trunk Room
Free Room
Lavatory
W.C.
PS
Kitchen
Living Dinning
Doma
ベランダには簀子をひいてリビングの延長空間として位置づける
最大4人が両面で料理できる、変形ペニンシュラ型の台所
13.2mの土間。玄関からベランダまで家全体を突き抜ける。パーティー時には靴脱ぎ放題

リノベの希望的法則7

家 − 玄関 = リビングアクセス

中心市街地のマンションには、床面積が５０平米台なのに、3LDKといった間取りの物件もあります。その広さのなかで、玄関も廊下も立派に確保されている。設計者の努力と苦労は賞賛しますが、「日本の家はウサギ小屋」といわれてしまうのも仕方ないと思わせる狭さです。
リノベーションでは、各部屋の広さをもっと確保できないかといった工夫も行っています。トイレやお風呂は当然なくせないし、だったら、いっそ「玄関と廊下」をなくしてしまったらどうでしょうか？
日本が得意とするコンパクトカーの発想とでもいいましょうか……。玄関ドアを開けるとそこがリビング空間。その一角に大きな土間を配置。「リビングアクセス」という発想で、全ての居室をリビングでつなぐ。広々したリビングでは、自然に家族のコミュニケーションが生み出されます。「ただいま！」といわずとも、子どもが家に帰って来たこともしっかりわかる。リビングとつながる玄関は、玄関というより土間のよう。ベビーカーや自転車だって楽に置けます。
「家が丸見えになるのでは？」と心配される方もいるかもしれません。しかし、現在の集合住宅は、エントランスにはしっかりセキュリティがあるし、いきなり知らない人が訪れることは少ないはずです。むしろ、自慢のリノベーション空間を、「しっかり見ていただく」のも悪くないのでは……。

築50年の古民家とリノベ空間が
なだらかに融合する住まい。

House Story 08

白桃の家

子どもたちの成長を機に、実家のある郊外へ移り住むことを決意した一家。築50年、大切に受け継がれてきた住まいのいいところを残しながらも、この先へ住み継いでいくにふさわしい空間が生まれました。

大切に住み継いできた住まいを
次の世代へ引き継ぐために。

「明るくしたい、窓を広げたい、天井を高くしたい……」。初めての設計打ち合わせの日、ご主人の敏博さんは、「こうしたい」を綴ったメモを持参した。漠然と描いた希望を綴ったものだ。完成したリノベーション空間は、そんな希望を「すべて叶えてくれました」と、満足気な笑顔。「ゆったりと落ち着いたデザイン、色あいがとっても気に入っています」とも付け加えてくれた。
とりわけ、「白桃の家」で特徴的なのは、古い空間と新しい空間の融合。両親の時代から、手をかけ大切に住み継いできた住まいは、日本家屋ならではの魅力にあふれていた。今回のリノベーションでは、そんな残すべき空間はそのままに、採光や風通しの悪かった水廻りやキッチンを大きくやり変えるというプラン。何より「明るくなったのに驚いた」とは、奥さまの光子さん。キッチンの壁一面に配した窓からは、すぐ裏の庭にある白桃の木の姿を間近に感じることができる。春に真っ白な花が咲く様子も見事だが、晴れた日の夕方、「西日に照らされた白桃の葉の影が、窓に映る姿もまた素敵」なのだそう。
窓が多く、全体に白でまとめられた空間は、いわば明るくモダンである。「だけど、隣の和室と並んでいても、ぜんぜん浮いた感じがしないでしょ」と、光子さん。「この梁がね、いい感じを出してくれるんだよ」と、敏博さんもうなずく。その指差す天井にどっしり構える趣あふれる梁。天井を剥いだら出てきたものをむき出しで活かすことになったものだ。「最初は真っ黒だったけど、職人さんが何度も、何度も、磨いてくれたからいい色合いになったのよ」。古いものを大切にする。そんな住まい方が、新しい空間にほどよいアクセントを添えている。

天井の高さは確保しながらも、梁を見せることで家全体に生まれた安心感。
壁やキッチンの白にもマッチしている。

設計の段階では、夫婦のほかに、娘さんや息子さんも積極的にプランニングに参加。水廻りの機能面から、インテリアのセレクトまで、「子どもたちの意見があったからこそまとまった」と、光子さんは振り返る。工事がはじまってからは、この家にお住まいだった敏博さんのお母さまが大活躍。工事の職人さんたちに、お茶や手料理をふるまってくださったこともたびたび。まさに、家族ぐるみの家づくりが進められた。その後、娘さん、息子さんが、続けて結婚。新しい家族が増え、新たな住まいの歴史がはじまっている。

壁一枚を隔てた昔のままの和室には、
大きな仏壇が備わっている。

座る場所ごとにいろんな景色が楽しめる。絵画のように風景を切り取る暮らし。

デッキ前のソファ、和室の掘りごたつ、ダイニングのテーブル。「座る場所によって、見える景色、感じる自然が違うんです」とは、昼間にひとりで過ごすことも多い光子さん。庭の花はもちろん、すぐ前の田んぼの様子、遠くに見える山の稜線《りょうせん》まで、まさに家に居ながら四季を楽しむ暮らしができるわけだ。出勤前、ソファに座って新聞を読みながら、朝の景色を楽しむのが敏博さんの日課にもなっている。

LIVING ROOM

玄関側には、敏博さんのお父さまが手をかけた日本庭園が、北側となるこちらのテラスからは、ガラリと趣を変えた中庭が広がっている。ツバキ、ハナミズキ、ツツジ。季節によっていろんな花が楽しめる。

水廻りスペースに光を確保するために梁の上の一部にスリット窓、屋根の上にはトップライトを採用。「このアイデアには驚いた」と敏博さん。

既存の和室とリノベの空間をつなぐ立役者といってもよい和室の丸窓。障子を開けておけば、玄関からデッキまでを一気に見渡せるようにデザインされている。

横に広い洗面スペースは、娘さんのアイデア。朝の混み合う時間も、並んで洗面台を使うことができる。

デッキ前に設けたポーチスペース。外に向かってどんと置かれたソファが心地良い。

DETAIL

座った位置から、前の田んぼの様子を覗き見ることができるスリット窓がポイントのトイレ。将来のことを考えてバリアフリーデザインを採用。

曲がってしまっていた柱に化粧を施すことで新たに完成させた大黒柱。

光子さんの友人がつくる地元の手透き和紙を壁紙として使った廊下。この地域に根付く「べんがら色」を取り入れたデザイン。

夏は涼しく、冬は暖かい。全天候型の掘りごたつ。琉球畳や全体の雰囲気に合わせてオリジナルでデザインしたもの。

もともとは納戸のあった場所をキッチンに。構造体の柱をうまく避けながらも、
間口を活かしてつけたスリット状の窓は光子さんのお気に入り。

夜の雰囲気を楽しむためにデッキにはライトアップの仕掛け。

物件名	白桃の家
家族構成	夫婦
間取り	LDK+和室2
専有面積	185.12㎡
リノベ面積	79.06㎡
建築年	1961年
リノベ年月	2009年4月
構造	木造 戸建
リノベ費用	1,300万円
物件価格	持ち家
施工期間	2カ月

Before

After

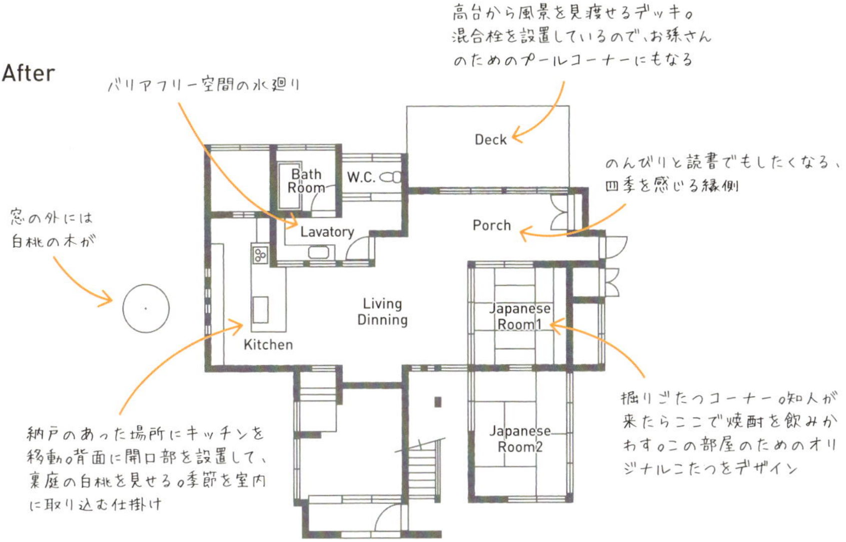
高台から風景を見渡せるデッキ。混合栓を設置しているので、お孫さんのためのプールコーナーにもなる
バリアフリー空間の水廻り
Deck
Bath Room
W.C.
のんびりと読書でもしたくなる、四季を感じる縁側
窓の外には白桃の木が
Lavatory
Porch
Living Dinning
Japanese Room1
Kitchen
掘りごたつコーナー。知人が来たらここで焼酎を飲みかわす。この部屋のためのオリジナルこたつをデザイン
Japanese Room2
納戸のあった場所にキッチンを移動。背面に開口部を設置して、裏庭の白桃を見せる。季節を室内に取り込む仕掛け

リノベの希望的法則8

分散照明 × 調光 ＝ 明かり ＋ 暗がり

日本の建築家の必読書ともいわれる、谷崎潤一郎の『陰翳礼賛《いんえいらいさん》』。この中で語られていることを要約してみると、「西洋では可能な限り部屋を明るくし、陰影を消すことに執着したが、日本はむしろ陰影を認め、それを利用する美意識があった。」というようなことが記されています。
今の日本の住宅では、実は、忘れ去られがちな明かりに対する考え方かもしれません。勉強部屋は除くとしても、日本の暮らしでは、それほど爛々と明るい光が必要とされているのでしょうか？月の明かりを部屋に取り込み、四季を感じ、ほっとリラックスする。そんな光環境をデザインしてみるのも悪くないはず。そんなときに取り入れて欲しいのが「分散照明＆調光」のテクニックです。
もしも、コストを最小で空間を上質にする方法は？と問われたら、ズバリ「照明」リノベーションと答えたいものです。分散照明とは、読んで字のごとく幾つかの照明器具をいろんな場所に配置することです。さまざまな家具のレイアウトに対応するために、天井には配線ダクトを設置し、各所に照明を設置できるように計画しておく。そして、それらの多様な光源を「プリセット調光器」で一つひとつ調光をかけて、プログラムすることが可能なのです。「明かり」をデザインするのではなく、「暗がり」をデザインする。これも広いリビングにラグジュアリーな陰影をつける、大人のリノベーションならではの考え方です。

Life
with
Vintage

古きも新しきも、ロングライフなデザインがもつ魅力。

2

Vintage Style in Town

Photo Session
Hirokazu Fukushima

3

8

Parts Collection パーツコレクション

01 Light

実は、リノベーションのときに、最も再生率の高いパーツとなるのが照明です。昔のものは、今のものにないインダストリアルなテイストをもっているのもその理由のひとつ。また、照明はインテリアの要。ロングライフなデザインを選ぶと、自然と空間に上質さを生み出してくれます。最新のものも、ロングライフデザインになりえるものを選びましょう。

Ceiling シーリング

昔の浴室に付いていたガラスの照明をそのまま継承。この昭和の空気感をもつガラスのカッティングが、美しい陰影をつくり出します。

Downlight ダウンライト

こちらのゴールドの大型のダウンライトも昭和50年くらいのヴィンテージもの。ダウンライトらしからぬ存在感。お椀型のシェードが動く姿は、まるで天井にくっついた生き物みたい。

Pendant ペンダント

工事現場でよく見かける照明を、ペンダント照明にアレンジしたオリジナル。光源が直接見えない電球は天井に光を回し、間接照明の効果もあり。

イカ釣り漁船の照明をイメージしてつくったペンダント。たくさん吊り下げるとムードたっぷり。

実はこれ、弊社オフィスの照明。ホームセンターで買ってきたバケツでつくりました。

Bracket ブラケット

スクエアなレンガにあわせて選んだ、スクエアなブラケット照明。
縦・横のラインを、すっきり揃えたいときはこんな選択もあり。

丸いミラーがあったので、照明は丸いブラケットをセレクト。新築と選ぶ順番が逆にできるのもリノベならでは。

モザイクタイルと新しいブラケット照明を合わせて、どこかレトロ風。

空間はできるだけシンプルにつくり、家具で色づける。こちらのリユースしたブラケット照明もそんな空間の個性演出に一役。

イタリアのカフェのようなブラケット照明をバルコニーに。

防水のブラケット照明をベランダに。室内だけでなく、室外の照明にもこだわりを。

船の内装に使われていそうな照明をインテリアとして。

Parts Collection パーツコレクション

02 Window

窓を配する目的は、光をとり入れたり、風をとり込んだり。しかし、そうした機能だけでなく、風景を切りとったり、季節の移り変わりをとり込んだりすることも可能にするパーツです。マンションでは窓の位置を変えられないこともあります。そんなときは、窓のフォルムをあえて変形させて空間にアクセントつけることもひとつのアレンジ方法。また、室内に窓をつくるといったデザインも、部屋との関係性におもしろみを生み出してくれます。

Outside アウトサイド

窓の外にある白桃の木を、暮らしの風景に取り込むために配した窓。光の差す昼の風景、ライトアップに映える夜の風景、時間帯によっても異なる表情が楽しめます。

カバー工法という施工方法で、サッシをペアガラスにしてリニューアル。予算はちょっとかかりますが、断熱性や防音性は断然高まります。

もともとは船舶用に使われる窓をアクセントに。大海原をのぞいてみるような感じ。

大きな窓の一部をふさいで円形にすることで室内に入る光をコントロール。あえて窓を閉じることで、和室にワビサビを演出。

部屋の一角の大きな窓は、開放感たっぷり。こんな味わい深いデザインが多いのもヴィンテージマンションならでは。

Inside インサイド

リビングのすぐ横に面したお風呂には、アルミサッシを設置。部屋の中にサッシを設けることで、さながら露天風呂気分。

中心部に配置されることが多く、どうしても暗くなりがちな水廻り。ドアの上部に明かりとりのスリットとなる窓を設けることで、自然光をさりげなくとり入れられます。

納戸の明かりとり兼、通気を考えた窓。壁のボリュームをなくさない程度にさりげなく。

ちょっと大胆にホテルライクにデザインされた浴室の大きな窓。まさに開放感たっぷり。

こちらの通気用の地窓は、和室に隣接しているので、あえて障子をセレクト。

間仕切り壁に開いた丸い開口部。満月のような窓が、ゆるやかに空間をつなぎます。

03 Partition & Door

ドアやパーテーションの源流は、日本の住まいでいうところの障子や襖。大きく開いたり、少し開いたり、ゆるやかに空間を間仕切ることが求められます。また、襖絵などにあるように、部屋をさりげなく彩るアクセントでもあるパーツ。現代の住まいでも、さまざまなフォルムやデザインで、さりげなく主張したいもの。リノベでは、昔の住まいで使われた扉をリユースすることもたびたび。それらのリユースしたパーツは、建物の記憶だけでなく、時代の記憶を保存する仕掛けにもなっています。

Partition | パーテーション

エスニック調のスライドパーテーション。家にいながらまるでアマンリゾートのような空間を演出!?

扉に付いた小さな丸は、実は空気穴も兼ねています。地味になりがちな扉にもアクセント。

京都の町家をイメージしたような格子のパーテーション。光と風を流すポイントに。

Door ドア

玄関の向こうにまた玄関！そんなサプライズも演出できるガラスのドア。全面ガラスは、光を部屋の奥までとり入れる効果も。

ヴィンテージ感たっぷりのウッドドアをリユース。実は、ドアにあわせて壁のクロスをチョイスしています。

ペットのための出入口。建具に設置して大活躍。

機能的には空間を仕切りながらも、ふたつの空間をやさしくつなぐガラスのドア。

どこかレトロなカーブを描いたドアは、もともとこの空間にあったもの。壁に塗った黒板塗料をドアにも塗ってアレンジ。

コンクリート打ちっぱなしにした玄関。それに合わせてスチールのドアもシックな色でペイント。スチールドアは、カラーリングが映えるパーツです。

04

Kitchen 1

どんなライフスタイルにしたい？それによって、一番大きく変わってくるのがキッチンのデザインです。また、存在感を発揮する場所だけにリビングやダイニングとつないだ大きな空間として設計するときは、レンジフードまで含めてデザインに手が抜けないところでもあります。オリジナルキッチンという手もありますが、既存のキッチンをちょっとカスタマイズするのもテク。価格を上手に抑えながらも、暮らしぶりに合わせたキッチンを手に入れることができます。

Island アイランド型

玄関と部屋をつなぐ真ん中にどんと腰を据えたキッチンは、まさに主役級。家事をしながら、いろんなところに目が配れます。

部屋の真ん中だけに収納はスッキリしたいもの。背面につくった大型の収納棚は、レンジや炊飯器までまるごと収めてくれます。

アイランド型キッチンは、広いLDKで人気。

リビングの真ん中にバルコニーを見晴らすようにレイアウトされたキッチン。
後ろの扉は、脱衣室へつながっていて家事の動線もしっかり確保。

お料理好きのオーナーのために、既製のキッチンをカスタマイズしてカウンターを造作。部屋のイメージに合わせて腰壁も白でまとめて。

ステンレス製のオリジナルレンジフード。

ガスオーブンを設置したキッチンでは、料理のレパートリーも増えそう。

05

Kitchen 2

Peninsula ペニンシュラ型

ふたり暮らしの夫婦の「キッチンでちょっと食事もできれば」を叶える大きめのカウンター付きキッチン。
カウンターの小口を面取り加工するなど細かなデザインで全体的にシャープな仕上がりに。

もともとは壁付けタイプのキッチンを、腰壁を付けてペニンシュラタイプにカスタマイズ。コストカットの裏技です。

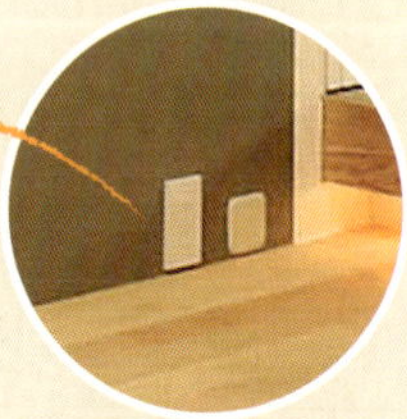

コンセントやガスコックも設置して機能も高めています。

ステンレスを加工してつくったオリジナルキッチン。配管まで見せたスケルトン部分には、お気に入りの収納家具を置いてアレンジ。

実は食洗機もビルトイン。

インテリアに合わせて集成材でつくったキッチン。空間全体で大切にした木の温かみをキッチンにも反映。

06 Wall Accessory

スイッチプレートやコンセント、そしてフックなど、壁面に備え付けさまざまな機能を果たすパーツを、ここではあえてウォールアクセサリーと命名してみました。空間のデザインにこだわるなら、この小さなパーツにも気を配ることが欠かせないからです。デザインされたウォールアクセサリーは、時計や絵画のように、壁を飾るパーツにもなるわけです。もちろん、ここでもヴィンテージパーツは威力を発揮。どこかシャープで独特な雰囲気を醸し出してくれます。

Switch スイッチ

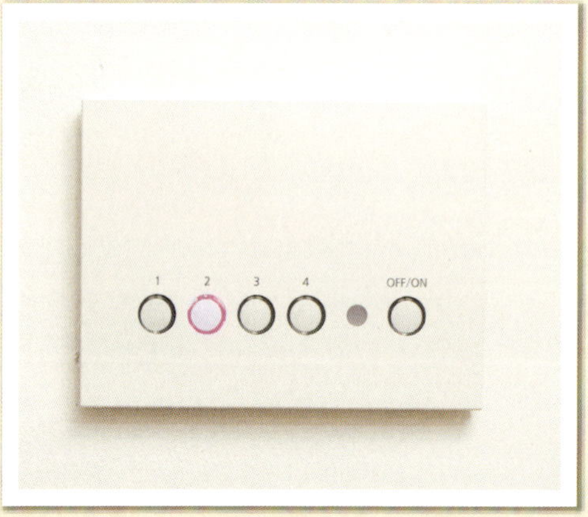

スイッチプレートもデザインいろいろ。それだけに、住む人の個性を演出する重要アイテム。レアなデザインのものをオーナーと一緒に探すのも設計中のひとつの楽しみ。

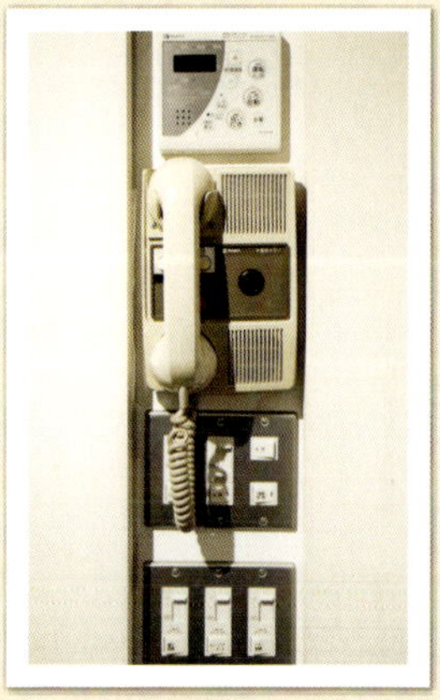

給湯パネルやスイッチ、インターフォンまで一カ所にまとめれば、見た目もスッキリ。使い勝手もよくなります。

室内の光のシーンを演出してくれるしかけのプリセット調光器。ステレオでいうところのイコライザー。明るさだけじゃなく、暗さを演出するのも日本人の粋。

Plug | プラグ

さりげなくコンセントを設置するなら家具用のジャックを壁面に使ってみるのもあり。

中古マンションには、各部屋にガスジャックが付いていることも。ガスヒーターの人気は、昔から高かったようです。

the Others | その他

ピクチャーレールは壁にフレームなどを吊るすのに大活躍。壁面が素敵なギャラリーに。

壁に配した板は、名付けて「猫の運動ウォール」。ちょっとした文庫本などを置くのにも最適です。

トランクケース用のグリップをドアに設置。収まりのいい建具は、ドアをフラットにみせます。

輻射熱を使ったＰＳ工業のタオルウォーマー。空気を汚さずじんわりタオルをドライ。

ここに配達されていたのは牛乳？ヤクルト？デリバリーの古き良きコミュニケーションの名残。

Let's Renovate

リノベーションをはじめる前に知っておきたいこと。

リノベのステップ

リノベーションのイメージは、なんとなくつかめるものの、実際の工事はどう進んでいくの？
そんな声にお応えして、ここではリノベーションが進んでいくステップをご紹介します。

設計のステップ

1 スタートは物件探しから！

まずは、物件探しから。ここが運命の住まいとの出合いのはじまりです。物件案内には設計担当も同行して調査。リノベーションに適する物件かどうかを確認していきます。

2 プランニングのはじまり、はじまり！

まずは、「ああしたい！こうしたい！」といった、住まいへのご希望をお聞かせください。それを、図面に落としていくのが基本設計です。この基本図面をもとに、どんなデザインがいいのかさらにプランを練っていきます。

3 祝！物件契約完了

工事をはじめるよりも、物件購入が先になります。ローンなどを利用する場合は、審査に時間がかかるので、契約には長くて1カ月以上かかることも。その合間を活用して詳細なデザインの検討をしっかり行います。

4 見積りは引き算が決め手！

プランを形にするのはいくらかかる？全ての希望を盛り込むと、概ね予算オーバーするため、ここでは見積書から引き算の作業を行っていきます。この見積り調整をすることで、自分の家に本当に必要なものが見えてきます。

5 実施設計

プランや見積りが固まってきたら、本格的な設計を詰めていく段階に入ります。この頃には、模型も完成。今までは紙の上で思い描いていた住まいの形が、立体的になることで、随分とイメージも膨らんできます。

工事のステップ

設計がほぼ固まったら、早速、現場のスタートです。今回は、築36年のマンションを、開放的にしながらもオリジナルの造作家具でゆるく仕切るリノベーション現場をレポートします。

1日目 解体工事・初日

1日目【解体工事・初日】

いざ、スケルトンへ。解体作業がスタート!

リノベーションの場合、空間を既存のものとガラリと変えることが通常。そのため、まずは物件を解体して、一旦スケルトンという何もない状態にすることから工事がスタートします。工事初日から早速、空間を仕切っていた壁や棚、そして天井までが、あれよあれよという間に崩されていきます。ちなみに、解体作業の現場で、主な道具として活躍するのが、バール（写真下）。大工さんたちは、この道具ひとつでどんな壁も天井も崩していくのです。

3日目【解体工事・最終日】

解体も大詰め!部屋の中がカラッポに。

3日目にして、解体も大詰め。崩した壁や床、天井などを運びだす作業が進められます。今回は、トイレやキッチンも新しいものに取り替える予定。大きなシステムキッチンも、手際よく運びだされます。本日の現場は、解体、運び出し、設備、そして現場監督など、総勢10名ほどの各業種のプロが集結。おかげで、あっという間に室内は、何もないスケルトン状態に！実は、スケルトン状態になると、図面とのちょっとした違いや、天井や壁から既存図面にないものが出てくるハプニングもあります。随時、現場で調整をしていくのでご安心を！

3日目 解体工事・最終日

9日目 給排水配管工事

9日目【給排水配管工事】

大工さんと設備屋さんの華麗なる共演。

いよいよ、「骨組みづくり」のはじまり。その名の通り、家の基礎となる「骨組み」をつくっていく段階です。この際に、大事なのが、もうひとつ家の要となる配管を組んでいくこと。よって、本日の現場には、大工さんと設備屋さんが集結。骨組みをつくりながら、配管の通り道もしっかり確保していく。そんな共同作業が行われます。骨組みの下には、カラフルな赤と青の配管。お湯と水を区別するために、こんな色使いになっているのです。骨組みができたことによって、スケルトンの空間になんとなく部屋割りのイメージが見えてきます。

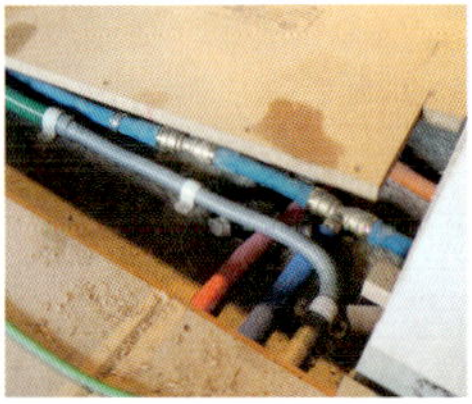

12日目【壁骨組みづくり】

床の完成前は、配管チェックを念入りに。

床の下地が、完成直前。ここで、欠かせないのが配管の水圧検査です。配管に水漏れがないか、設備の担当者によって細かなチェックが隅々まで行われます。中古住宅でも、このように設備面をしっかり新しくするので安心。この日は、壁の下地の補強なども行いました。微妙な隙間も職人技でしっかりカバー。こうしておけば、壁に石膏ボードを貼るときもキレイな仕上がりです。床ができあがると土間にあがるとき「おじゃまします」な気分になります。

15日目【電気配線工事】

普段は見られないコンセントの裏話。

床に続き、今日は壁のボードを仕上げる前に、配線作業が行われています。家の根幹となるだけに、手の抜けない作業。現場では、普段目にすることができない、コンセントの裏側も

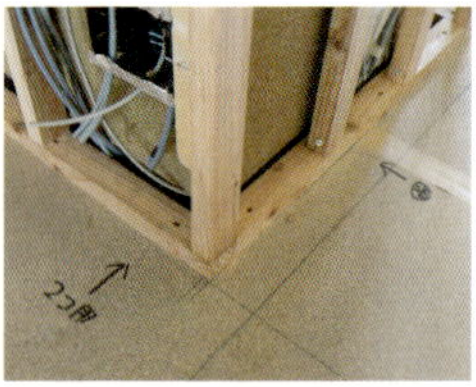

12日目 壁骨組みづくり

こんな感じであらわな状況。壁の続きは、天井の配線へ。着々と配線がつながっていきます。

17日目【壁板貼り】

今日の主役は、石膏ボード。建築の万能材料です。

現場の真ん中に、どーんと積み重ねられた大きな板。これこそ、今日の主役となる石膏ボードです。安価な上、耐熱・遮音効果があるので、壁に貼られた

17日目 壁板貼り

り、天井に使ったりと、まさに万能な働きをする材料。しかも、うれしいことにカッターで簡単に切れるので、現場で職人さんがちょっとサイズを調整という作業もとってもスムーズ。ほぼ1日で、石膏ボードを使った作業は完成です。

18日目【床板貼り】

地味な作業こそが、いい家をつくります。

大工さんが担当する仕事としては、ほぼ終盤となる床板貼り作業のスタートです。この後は、大工さんから、クロス貼りや塗装の担当者へと現場作業がバトンタッチされていきます。ちなみに、こうやって作業が数珠つなぎに流れていく中で、全ての作業をスムーズに引き渡していくのが現場監督の

今回のリノベーション図面で見るとこんなプランで進行中です。

Before

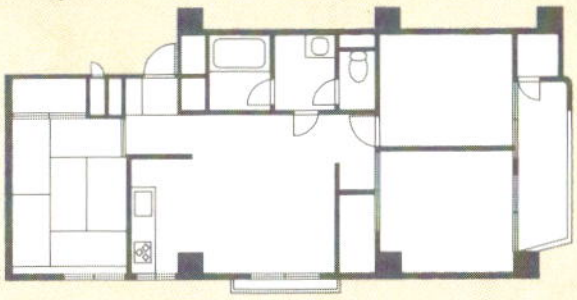

After

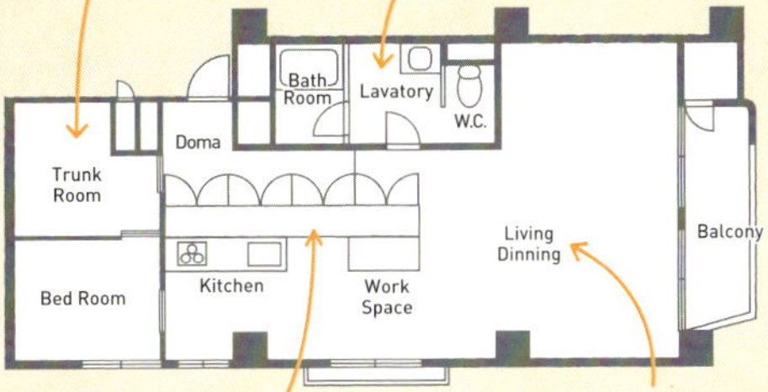

玄関からすぐアクセスできるトランクルームは施主こだわりの動線

水廻りの空間は、ホテルライクなワンルームのデザインに

高さ150センチのオリジナル造作家具でキッチンをゆるく仕切り、空間のつながりを演出

オリジナル造作家具を中心とした回遊動線のリビングダイニング。壁一面には、こだわりの壁紙をアクセントに

18日目 床板貼り

役割なのです。話をもとに戻して床貼り作業の様子。床は、足が直接触れる場所。つまり、日々の暮らしと密接に関わってくるスペースです。それだけに、丁寧な仕上がりが求められます。釘が出ないように、接着がうまくいくように、一枚一枚板を貼っていきます。単調な作業ですが、大工さんの腕が試される仕事です。

19日目【洗面・浴室作業】

ハイテク機器も導入。寸分の狂いも許しません。

今日は、洗面・浴室の作業の日。最近は、ハイテク機器が導入され、作業をする際に、レーザーによって垂直水平の計測が行われていきます。その後は、天井の貼り付け作業。ここでは、人の手が主役。釘打ち機によって、目にも留まらぬスピードで、釘が打ち込まれていきます。壁の採寸、天井貼りができたら、浴槽の搬入。このお宅では、腰から下の部分だけ

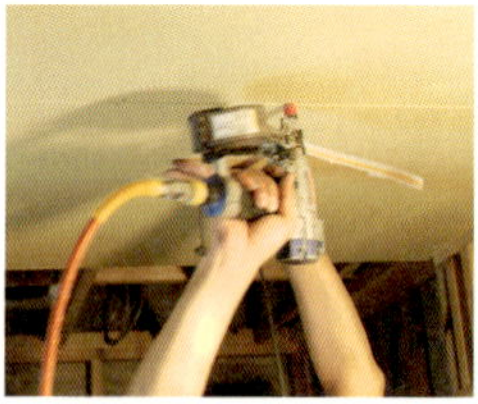

ユニット化された「ハーフユニットバス」をセレクトしました。腰から上の部分は、下地を貼って塗装で仕上げる作業が進められていきます。

24日目【左官工事】

素早く、丁寧。この職人技が美しい壁をつくるのです。

今日の現場メンバーの主役は、左官屋さん。左官とは、いわゆる壁塗りの職人さんのこと。独特のコテを使って、漆喰やモルタルを塗っていきます。リノベーションでは、建物の骨組みにあたる躯体を活かすことが多いので、左官屋さんの出番が多いのです。基礎がむ

24日目 左官工事

30日目 塗装工事

きだしになった壁の上に、手早く丁寧にモルタルを塗り重ねていきます。塗り材のブレンドは、左官屋さんの腕の見せ所のひとつ。固すぎず柔らかすぎずがコツ。この数センチの厚みの差。これを埋めるのに、「乾かしては塗る」を何度も繰り返していきます。

30日目【塗装工事】

美しく仕上げるコツは、下準備をしっかり！

下地がほぼ完成してきたので、住まいもお化粧のステップへ。天井にペンキを塗るための、下地塗りをします。この作業をしっかりやっておくことで、仕上げが美しくなるのです。窓の縁の部分も、丁寧に下塗り。一旦、しっかり乾かしてから、サンドペーパーをかけて凸凹をなくし、それから上塗りへと進んでいきます。

32日目【キッチン設置】

キッチンが入ると部屋のイメージもより具体化。

いよいよ大物、キッチンの設置です。部屋の中央に姿を現した白い物体が、最新のキッチンユニット。場所を決めて設置したら、傷が付かないようにすぐにカバーでしっかり覆います。完成まで、お披露目はしばしおあずけです。ところで、

この見慣れない金属の管は、電気配線。これ自体を空間デザインの一部として取り入れます。この丸いパーツが「引掛

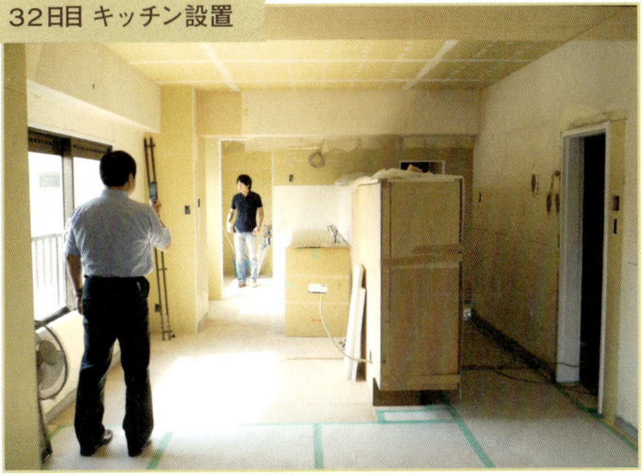
32日目 キッチン設置

シーリング」。ここにペンダントライトが設置されます。

また、壁の一部には、木のボードを貼っています。石膏ボードは、ビスなどの固定に向いていないため、エアコン設置を見越してビスが打ちやすいようにひと工夫しているわけです。

34日目【ペンキ上塗り】

白く塗られた天井が空間を再生させます。

下地もしっかり乾いたので、次は、上塗りの段階。天井が真っ白になると、ガラリと印象も変わってみえます。作業中は、ホコリ厳禁。慎重に、丁寧に仕上

げていきます。完成後は窓の枠に青空が写り込むほどピカピカです。

34日目 ペンキ上塗り

37日目【壁紙貼り】

これまでの"現場"から"部屋"に様変わり。

ペンキの次は、いよいよ壁紙です。どんな壁紙を貼るかで、部屋の雰囲気はガラリと変わります。今回の現場では、リビングダイニングの南側の壁一面に、グリーンの壁紙をチョイス。鮮やかな色彩が、家全体のアクセントになっています。ベッドルームやトランクルームにはブルーの壁紙を使い、空間に変化を与えています。

37日目 壁紙貼り

トイレの壁紙は、大胆な花柄模様。まるでリゾートホテルにいるかのような、新鮮な気分。実はこの花柄の壁紙は、奥さまがネットで探したヨーロッパ製。日本製品ではなかなかこのテイストはだせません。

39日目【器具設置】

アイテムの選択が部屋の個性を決めます。

トイレ、洗面台、換気扇など、生活に不可欠な設備が次々と運び込まれています。住まい手にとって、どんな器具を選ぶかは無数の選択肢があります。ひとつひとつ吟味し、アイテムを選んでいくことによって、部屋の個性が決まります。

例えば今回の洗面台。フラットでシンプルな、珍しいタイプのデザイン。取り付けを担当した職人さんも、珍しがっていたレアもの。また引き戸の取手にもこだわりのレトロな金具が付けられています。こういうパーツにこだわるのも、リノベーションの醍醐味なのです。

42日目【床塗装】

床はこだわりの自然塗料で仕上げ。

いよいよ仕上げの段階に入ってきました。この日はフローリングと土間の塗装です。床には、舐めても無害な自然塗料を使用。海外から輸入したもので、通常の塗料よりコストがちょっと高めですが、直接人に触れる部分なので、妥協はできません。ムラのないよう均一に、ほこりがつかないよう丁寧に塗っていきます。コンクリートの土間には、クリアの塗料を使用。この土間は、玄関を開けたときに一番最初に目にする部分です。完成したら、ピカピカの土間がお客様をお迎えします。この後、クリーニングが入ればいよいよ完成、引き渡しです。

45日目 完成

そしてお客さまへ引き渡し

リノベのステップ早見表

- 1日目　解体工事・初日

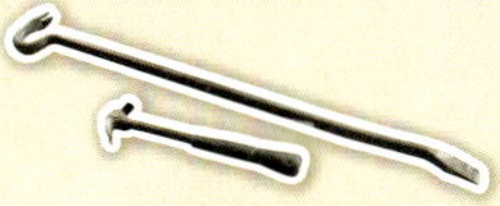

- 3日目　解体工事・最終日
- 9日目　給排水配管工事
- 12日目　壁骨組みづくり

- 15日目　電気配線工事
- 17日目　壁板貼り
- 18日目　床板貼り

- 19日目　洗面・浴室作業
- 24日目　左官工事

- 30日目　塗装工事

- 32日目　キッチン設置
- 34日目　ペンキ塗り
- 37日目　壁紙貼り
- 39日目　器具設置
- 40日目　建具設置
- 41日目　クリーニング
- 42日目　床塗装
- 43日目　検査・手直し工事
- 45日目　引き渡し

Renovation Advantage

中古マンションを舞台にするリノベーションには、
さまざまなメリットがありますが、つまるところ
「PLAN」「PLACE」「PRICE」の「3つのP」に集約されます。
そこで、リノベーションならではのアドバンテージを、
この「3つのP」という切り口でご紹介します。

リノベーション、3つのP。

1. PLAN

プランが、自由。

リノベーションのいちばんのメリット。それは、間取りや仕様などをそれぞれのライフスタイルやセンスに合わせて自由に計画し、実現できるということです。つまり、生活を住まいに合わせるのではなく、生活に合わせて住まいをデザインすることができるのです。よく中古マンションのチラシなどで、「リフォーム済み」と書かれたものを目にすることがありますが、そのリフォームとは、果たしてどのような意図のもとで行われているのか……。たとえ価格や立地がよかったとしても、間取りや壁紙、床材の仕上げやキッチンのセンスが気に入らなかったら、かなりがっかりです。その点、リノベーションは、間取りはもちろん、壁や床や天井の仕上げ方、キッチンやバスルームの設備仕様、さらにはドアノブやスイッチの一つひとつにいたるまで、予算の許す範囲で、自由に自分で決めることができるのです。

建築家と、一緒につくる。

最近では、「自宅の設計を建築家に頼む」ということも、ずいぶんと身近なものになってきました。いかに自分の思い描く理想のプランがあったとしても、それを実現するにあたっては、物件の構造上の問題や、家事動線の問題、配管の問題、さらには予算や工期の問題などなど、クリアしなければならないもろもろの条件が複雑に絡みあってくるものです。そんなときに力になってくれるのは、やっぱり建築家。建築家には、専門家としての知識と、数々の経験でたくわえてきた知恵がある。そして、デザインに対する見識も高い。一般的なリフォーム物件にくらべ、リノベーションは建築家のスキルが求められるフィールドです。あなたの理想を実現し、時には予想以上の提案もしてくれる。よき建築家との出会いも、リノベーションの魅力のひとつといえるかもしれません。

カスタマイズの、楽しみ。

間取りをがらりと変えるリノベーションは、ほとんどの場合、住空間の躯体だけを残す「スケルトン」な状態にします。住空間をスケルトン状態にリセットするということは、「暮らし方をリセットできる」ということでもあるわけです。つまり、リノベーションを機にこれからの暮らし方を想定し、そのライフステージの変化を予測して、あらかじめ対応できるようにしておくことが可能となるのです。例えば、子どもの成長に合わせて必要になる部屋のスペースを想定しておく。リノベーションの場合なら、将来の暮らし方に合わせて、住空間をカスタマイズしやすくしておくこともできます。家族やライフスタイルは、年月とともに変化してゆく。趣味やセンスだって変わるかもしれない。そんな暮らしの変化に合わせて住まいをカスタマイズしてゆく楽しみも、リノベーションの大きなポイントといえるでしょう。

2.PLACE

いい立地が、見つかりやすい。

不動産の価値は、その「立地」によって大きく左右されます。当然、広告で「憧れの地」とか「羨望の舞台」などの言葉が踊る人気エリアの物件価格は、やっぱり高い。「駅まで徒歩3分」など、交通利便性が高い場所の物件も、やっぱり高い。予算を考えると、利便性や周辺環境の豊かさ、そのアドレスがもつブランド力などには、どうしても妥協せざるをえないのが現実です。しかし、ここでちょっと待った。実はこれ、ぜんぶ「新築」の話ではないでしょうか。そう、リノベーションの舞台となる中古マンションなら、築年数のおかげで、「人気エリア」でも、「利便性抜群の地」でも、手に入りやすい価格の物件が見つかりやすいのです。住む場所は、暮らし方に大きく影響します。リノベーションなら場所に妥協することなく、好きな街に暮らすことも可能となるのです。

成熟したコミュニティーが、安心。

「家をもつ」ということは、その地に根を張って生きるということでもあります。そこで忘れてはいけないのが、「コミュニティー」の問題。とくに分譲マンションで暮らすとなると、管理組合のことも含めて、よりよいご近所づきあいが、より気分のいい暮らしのポイントとなってくるはず。リノベーション物件に居を定める場合、そこは中古マンションであり、すでに何十年という歴史をもつコミュニティーが存在しています。集合住宅とは、立体的な町内会と考えることもできるのです。新築マンションのコミュニティーとくらべて、中古マンションなら、どんなコミュニティーが広がっているのか確認しやすいもの。また、その周辺地域コミュニティーにも溶け込んでおり、穏やかなふれあいのある暮らしをスムーズにはじめることができるでしょう。

好きな街に、好きに住む。

持ち家の場合、とくにそこで暮らす子どもたちにとっては、窓から見える景色が「我が家の眺め」として大切な思い出になってゆくもの。そして、住み暮らしてゆく「街」こそが、「ふるさと」になってゆく……。その眺め、空気感、におい、街角に刻まれた記憶など、誰にでも「お気に入りの場所」があり、「愛すべき街」がある。せっかくの「我が家」なのだから、思い入れも何もない場所ではなく、「自分の好きな街に暮らす」ということを、大事に考えてはどうでしょう。中古マンションは、希望する立地で求めやすく、建物自体が街にしっくりとなじんでいることが多いものです。その地で何十年もの歳月を過ごしてきた中古マンションには、街の記憶や温もりがそっと息づいているのです。好きな街に、好きなスタイルで住む。リノベーションならではの魅力です。

Renovation
Advantage

3. PRICE

持ち家は、あなたにも手に入る。

プラン、プレイスときて、最後はやっぱり「プライス」でしょう。いくら満足のゆくプランがあり、理想的な立地環境が整っていたとしても、手の届かない価格なら、何の意味もない。実際、今後も低成長の時代が続くと予想される現状では、持ち家をあきらめたり、検討する前から論外と考えていたりする人も多いのではないでしょうか。だから、リノベーションなのです。築年数を経た中古マンションは、当然、リーズナブルな価格となります。プランや設備仕様が自由にできるリノベーションは、当然、予算に合わせた計画ができる。つまり、リノベーションとは、ムリ・ムダをしないで、持ち家を手に入れることができる、低成長時代のスタンダードとなるべき住まい取得の在り方なのです。

家賃と住宅ローンをくらべてみると。

ところで、「人生の三大支出」をご存知でしょうか。それは、「住宅資金」「教育資金」「老後資金」といわれています。そのうちの「教育資金」と「老後資金」については、子どもはやがて自立するだろうし、老後もやがて終わりのときを迎えますが、生きて暮らしていく限り必ずついてまわるのが「住宅資金」すなわち「住まいに必要なお金」です。ここで検討したいのが、賃貸物件の家賃と住宅ローンの支払い額の比較。あなたのお住まいの家賃は、一般的な住宅ローンの月々の返済額とくらべて、どう違うのでしょうか？リノベーションで持ち家を手に入れた家族の多くは、月々のローンの支払いがそれまでの家賃とそう変わらない、むしろ安くなった点を、リノベーションを選択した大きな理由としています。また、ひとつだけ確かなことは、賃貸の家賃に終わりはありませんが、住宅ローンには終わりがある、ということです。

リノベーションで、敷居を低く。志は高く。

日本では、昔から「もったいない」という言葉がよく使われてきました。ただし住宅に関しては、もったいないという考え方をあまりもてなかったようで、欧米諸国に比べ、日本の住宅の寿命は驚くほど短いのです。しかも、現在すでに7.5戸に1戸といわれている空き家率は、今後ますます高くなっていくと考えられます。これからは、本当に価値のあるものをつくって、より長く大切に世代から世代へと引き継いで使う「ストック型社会」への転換が主流となってゆくでしょう。まだまだ十分に使える住まいに手を入れて、新しく住み継いでゆくリノベーションの可能性は、もっともっと広がってゆく。そして何よりも、だれもが理想の場所で理想の住まいを手に入れやすくなることこそ、リノベーションのいちばん「うれしいこと」なのです。

新築マンションの間取りプランや設備仕様が
100人の80点を目指すものだとすれば、
リノベマンションは、1人の100点を目指す住まいだといえます。
そんな視点で、リノベーションのアドバンテージを考えてみました。

新築は100人の80点、
リノベは1人の100点。

新築のプランに満足できる？

新築マンションは、100人の80点。

「新築のプランは、どれも同じようなものが多く、気に入るものに出合えなかった」。リノベーションを選択した方からよくお聞きする言葉です。けれど考えてみれば、これは仕方がないことでしょう。そもそも新築のマンションは、そこにどんな人がどんなライフスタイルで暮らすことになるか、仮定にもとづいて企画されます。もちろん、マーケティングに基づいた最大公約数的な「豊かな暮らし」が追求されてはいますが、そこに求められるのは、大多数の人が不満を感じないですむ無難な間取りと設備仕様。新築マンションのプランニングにおいては、100人の80点を目指さなければ「売れ残り」のリスクは回避できません。じゃあ「一戸建」という選択肢もありますが、コスト、立地で考えると、その選択は万人のものとはならないでしょう。

もともと日本の住宅は「新築偏重」の傾向が強く、市場はこれまで新築フローに依存してきました。しかし、経済成長のトーンダウン、環境問題にもとづく、持続可能を目指すサステイナブル意識の高まりなどにつれて、社会は「つくっては壊す」フロー消費型から、「いいものをつくり、きちんと手入れをして、より長く大切に使う」ストック型社会へと転換しつつあります。今、多くの人が「100人の80点」になかなか満足できないでいるのは、そんな時代のムードを無意識に、けれど敏感に感じ取っているからかもしれません。

リノベマンションは、あなたの100点。

リノベーションの出発点は、「そこに住む人がどんな人で、どんなライフスタイルを望んでいるのか」というところにあります。住む人が最初から分かっているので、プランは具体的に計画され、自然と個性的になってゆくのです。

例えば、SOHO。通信環境が整備され、都心部で職住一体型の住まいの需要は着実に増えているのに、新築のマンションでSOHO仕様のプランを見つけるのはなかなか難しい。自由なプランをデザインできるリノベーションなら、そんな要望にも応えることができます。例えば、趣味の家。好きなことを思いっきり楽しみながら暮らしたい人のための、思いっきり大胆な住空間デザインも、リノベーションなら実現できる可能性が高くなるものです。

間取りだけではなく、無垢材の床にこだわるのもいいし、クロスを貼らずに自然塗料で壁を仕上げてもいいし、調光器を使って照明にこだわるのもいい。住まいに暮らしを合わせるのではなく、暮らしに住まいを合わせること。それがリノベーションの楽しみであり、醍醐味なのです。

100人には、100通りの暮らし方があり、住まい方がある。リノベーションは、あなたにとって100点満点の住まいを目指すことができるのです。それも住空間のデザインだけではなく、立地においても、価格においても。

そのデザイン、あなたの正解ですか？

いいデザインより、好みのデザイン。

「デザイン」とひとくちにいっても、その意味するところは、なかなか広くて、けっこう深いものです。やたらめったにコストをかけて、意匠を凝らしまくったものだけが「デザイン」ではなく、シンプルに質と実を兼ね備え、静かな品をたたえたデザインもあります。
リノベーションでポイントになるのは、「暮らし方のデザイン」であり、「生き方のデザイン」だといえます。リノベーションにおける住空間デザインを決定するのは、そこに住む人の暮らし方やセンス。世界的に評価される著名なデザイナーの椅子より、新婚旅行の旅先で一目惚れした名も知らぬ異国の職人による椅子の方が、その人にとっては価値あるものとなるように、「いい」デザインより「好み」のデザインを大切にすること。それが、たった1人の100点を目指す、リノベーションの在り方なのです。
また、住まいの取得方法の選択は、生き方の選択といえるかもしれません。古いけれどあたたかみのある中古マンションの味が分かる人は、「人と人との間で交わされる細やかな機微を察知しながら、浅き河も深く渡る、豊かな人生を生きてゆく人である」とは、ちょっと言い過ぎでしょうか……。

ひとクセある、“人間主義”の住まい。

高度な消費社会である現代では、ついつい何事にも“効率”や“利便性”、ひいてはその“理屈”などを過剰なまでに求めてしまいがちです。しかし、人間はそうそう単純な生き物ではありません。道端に咲く花にふっと目をひかれ、そっと心が動いたとき、あなたはその理由を理路整然と語ることができるでしょうか。人は何もかも理屈や効率ばかりで生きているわけではないし、「いちばん個性が出てしまうのは、普通のことをしているとき」ともいわれるほど、それぞれに個性的でもある。リノベーションの住まいとは、そんな「ひとクセあるあなた」のための、世界でたったひとつだけの「ひとクセある住まい」を実現する、自分主義、家族主義、人間主義の住まいなのです。
もし、リノベーションに「正解」を求めるとするならば、それは、そこに暮らす「あなたの正解」であるべきなのでしょう。

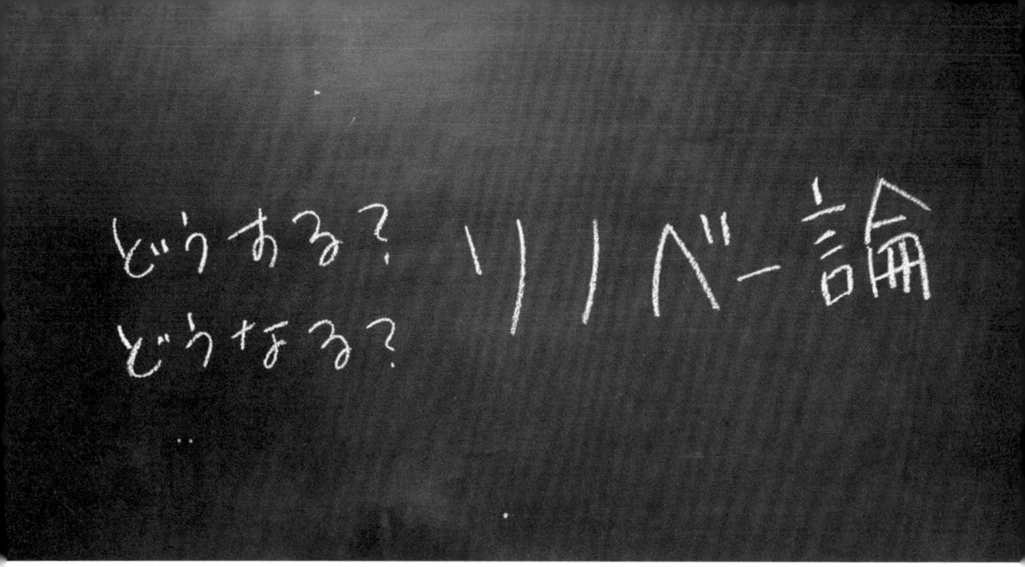

―― リノベーションが日本で一般的になったのは、21世紀になってから。その頃、日本各地で同時多発的にはじまったのは、時代的な背景があるのでしょうか？

島原　ちょうど2000年頃からですね。必ずしも横のつながりはないけれど、東京や大阪、福岡で同時多発的に、「リノベーション」という考えを形にした家づくりがはじまったのは。ひとつは、バブル崩壊によって、右肩上がりで経済が成長していくという、昭和的な価値観が壊れていったのが大きな原因でしょう。それと同時に、家を求めるユーザー、今の年代でいうと30代後半のいわゆる「団塊ジュニア」世代の人たちの中に、今までの家づくりのスタイルでは「満足できない」という人たちが現れてきた。さらに、「ポスト団塊ジュニア」世代と呼ばれる30代前半以下になると、「自分なりのもの」「自分なりの価値観」というものが、一層顕著になっていきます。もちろん不動産価格が下がったので、いい立地で中古物件を買うとことが、お得な選択肢になったときでもありました。

―― 認知が高まったひとつの要素として、「不動産業と建築業が近付いた」といった流れもあるのでしょうか？もともと、インターネットによって物件にアクセスしやすくなったこともありますが、とりわけ「東京R不動産」といったサイトの出現により、リノベーション認知が高まったこともあるように感じます。

島原　実際、リノベーションがはじまった当初は、「ブルースタジオ」や「アート&クラフト」といった建築と不動産をまたいだスタイルの方たちが多かったですね。建築もできるし、不動産もできる。
私がリノベーション的な発想として捉えているのが、通常の不動産市場が見いださない魅力を見いだすところ。さらに、通常ならマイナスとされるポイントを、プラスの特徴に変えているところです。状況の読み替えというか、物件の読み替えが上手。おそらく、新築を専門とする建築家より、制約条件があるだけに「どう転換するか」という部分の知恵は鍛えられるのではないでしょうか。

―― 確かに、リノベーションでは「デメリットをどれだけ味方につけるか」という点は鍛えられますね。裏腹ですが、デメリットも見方によってはメリットになる瞬間が、アイデア次第ではあるんですよね。

島原　隠しても、デメリットはデメリットですからね。建築家がデメリットと思ったままデザインしていくと、薄まりはするけれど消えはしない。消費者

これからの暮らしのひとつの選択肢として考えられるリノベーション。しかし、そのリノベーションという発想は、もともとどこからやってきて、どこへ行こうとしているのか……。マーケティングという観点から、これからの住宅の在り方を予測しているリクルート住宅総研の島原万丈さんにうかがってみました。

リクルート住宅総研 主任研究員　島原万丈

が家を選ぶときも、一般的な不動産市場の中でいわれているデメリットを、デメリットと捉えるなら、いわゆる高価な物件に手を出すしかない。しかし、ここでちょっと見方を変え、「おもしろい」という気持ちに転換できれば、クリエイティブな空間が生まれてくるわけですよね。

――「中古物件」といってしまうより、「社会のストック」と転換して考える感じでしょうか。ところで、中古物件を「社会のストック」と捉えるような考え方も、2000年ぐらいから一般化したのでしょうか？

島原　団塊ジュニアやポスト団塊ジュニアと呼ばれる世代が出てきたくらいからでしょうね。アラフォー世代の僕たちも、もちろん古着は着ていましたが、彼等の世代は、より自然に古着を着こなしている。母親が着ていたドレスをリメイクしたり、父親のスーツをアレンジしたりして。ひと昔前の「古着といえども誰かが価値を認めたレアなアイテム」的なノリではなく、おもしろいと思えば、自分なりに取り入れてカスタマイズしている。30代前後の人たちは、そうしたセンスを普通にもっているのです。そうした世代のユーザーが増えたことで、中古物件への意識の転換もスムーズにいったのではないでしょうか。

1979年の国民生活白書には、「モノの豊さから心の豊さを目指す」といった宣言がなされています。ポスト団塊ジュニア世代が生まれたこの時代は、一通りの家電が家に揃い、近所にはファーストフードやコンビニが充実。手に入れたいものを何でも手に入れられるようになった時代でもあります。しかし、それより少し前の世代は、「もっとたくさん、もっと大きいものを、もっと高いものを手に入れたい」といった昭和の価値観に支配されていました。80年代のマーケティングのキーワードは、差別化でした。この少し前にバブル期がはじまり、昭和において最後の右肩上がりの経済状況を経験しました。しかし、1995年ぐらいのバブル崩壊後からは、大手金融機関の崩壊や阪神・淡路大震災、地下鉄サリン事件など時代の転換期となる象徴的な事件が起こります。急に何かの底が抜けたような経験をするのです。

このとき、ポスト団塊ジュニアは15歳くらい。ちょうど、社会性が芽生えてくるころ。「もっと、もっと」というこれまでの価値観に疑問をもち、むしろ、「今あるものをどう使いこなすのか、今あるものにどう価値を発見するか」といったことに意味を見つけだしたのは、ごく自然な流れだったと思えます。

話は少しそれますが、HIP HOP文化が日本に入ってきたのも1980年代。それまでのＤＪは、決してアーティストではなかった。けれど、HIP HOPの台頭によって、ＤＪは今やアーティストになっている。ほかのクリエーターがつくった音楽を、「つなぎ合わせて編集する」という新しい音楽のジャンルが生まれたのです。編集能力というものも、ひとつのクリエイティブとして評価されているわけです。

こうした文脈から読み解くと、ポスト団塊ジュニア世代の価値観が素直に入ってきます。さらにいうと「世の中全体に、正解がなくなった」時代ともいえる。いい大学に行って、いい会社に行けば、幸せだし人生も安泰。その人生設計の中には、「まずはマンションを買って、それをステップとしていつかは郊外に一戸建」というライフプランがあったかもしれません。しかし、いい大学に行っても就職はなければ、いい就職先と思われていた大手企業も潰れる。

少し前までなら、「いい車って何？」と問えば、ベンツやクラウンなど高級車の名前があがったでしょう。しかし、30代の人たちに同じように尋ねても、みんなが同じように思う正解がなくなっている。高いものをピラミッドにした、社会の正解といったスキームがなくなってしまったのです。住宅においてもそれは同じで、「大手の会社がつくった、新しいものがえらい」といった感覚が、みんなの正解ではなくなってきているのでしょう。

―― そうした視点で見ると「家族像」といったものも、大きく変わってきているのでしょうか？

島原　そうですね。家族像の変化というものは、

住宅プランに影響を大きく与えています。いわゆる大量供給型の新築マンションにおける３ＬＤＫでは、あるひとつの家族とそのライフスタイルを想定しているのが一般的。夫婦に子どもふたり。ご主人が働いて、奥さまは子育てを中心に……といった家族像でしょうか。しかし、子どもがいても今や働いている奥さまは多い。ご主人が育児に積極的に参加するのも当たり前。そういった家族の在り方がある意味多様化してきた中では、「専業主婦」を想定した役割をプランの中に反映する必要がなくなってくるわけです。

そうした家族の間柄において、非常に大切になってくるのがコミュニケーション。それは、子どもとの関係もあれば、夫婦の間柄も含まれます。かつては、コミュニケーションの場が、お茶の間と呼ばれる空間に求められていました。それを象徴していたのが、リビングを広くとった住宅プラン。しかし、そこに何を置いていたかといえば、大きなソファに大きなテレビ。家族揃ってテレビを見るのが、家族の団らんとされていたのです。しかし最近では、テレビを家族のコミュニケーションのネタにすることが少なくなった。そうなると、リビングはあまり重要視されない。それでは、どこに家族のコミュニケーションの場をもつかというと、「キッチンがいい」「ダイニングがいい」といった意見が多くなっている。

暮らし方の中における箱のフィット感が、今まで供給されてきたものと合わなくなってきている。不動産価格も下がっている。だったら「買って自分たちの好きなように」というお客さまも増えているのでしょうね。

―― もちろん、一戸建という選択肢もありますが……。立地や経済性などを考えたとき、暮らし方にフィットする箱にこだわるとするなら、「リノベーションがしたい」というよりも、「リノべでしかそれに合った答えが出せなかった」という方が多いのかもしれません。

島原　おっしゃる通りです。新築で全てオーダーメイドができるなら、そっちを選ぶ方も多いと思います。しかし、そうなると立地は限られるし、コスト

が上がって経済合理性も難しくなる。特に、今の若い世代の人たちは堅実ですよね。ムダなお金はあまり使わない。

―― ところで、本書では私たちが拠点とする福岡の事例を紹介させていただきました。中古物件の価値という意味では、地方は東京以上に都市に近い快適なロケーションで、ほどよい物件が見つけられるといったメリットがあるような気がするのですが……。

島原　福岡県の住生活基本計画策定検討委員をさせていただいているのですが、個人的に見ても、いろんな人の意見を聞いても、やはり、福岡には東京では考えられないロケーションの魅力があります。街中から歩いて、10分～15分のところに住んでいる。商業も飲食業も頑張っているから、街で遊ぶのも楽しい。かといって海や山、郊外に行くのがすごく大変かといえば、そうでもない。
しかし、そんな福岡市でも、これからは人口が増えない時代を迎えます。日本の多くの都市の人口が減ってくるのは確実です。そんな中、将来の行政の範囲やコストを考えると、都市部に求められているのが「コンパクトシティ化」です。
外へ出ていく郊外型の住宅事情は一旦終わって、これからは、都心の中へ戻ってくることが顕著になってくるでしょう。そうした都市のコンパクトシティ化が、都心の資産価値を改めて高めてくれる。それは、街に住む人にとっては、ひとつのメリットとなるでしょう。
実は、福岡市は土地のマンション化率が非常に高いのです。どういうことかというと、いい場所には既にマンションが建っているということです。いい場所に住みたいと思うと、自然とストック＝中古物件を探すことが必然的になってくるわけです。
この考え方は、実は、海外に行くと当たり前。以前、ロンドンで調査をしたときに「Old house, better location」といった言葉に出合いました。古い家は、よりよい場所にある。逆にいうと、よい場所には、既に家がある。人間は、地勢学的にも、便利なところから、住みやすいところから暮らしてきた。そんな地域は、近隣との関係が良好なところが多い。いい場所に暮らしたいと思うと、ストック物件にいきつくというのは、欧米では自然なことなのです。

―― ヨーロッパでは、路面に面する一階にはショップが並んでいても、それより上の階では人が暮らしている。そんな職住一体のマンションをよく見かけます。コンパクトシティ化する中で、そうしたケースも多くなってくるのでしょうか？

島原　そこは、問題意識をもって見ている点です。「職住隣接」はよくいわれますが、これからは、それを超えて「職住混在」することがいいのではと考えています。例えば1階にはショップ、真ん中にオフィス、そして高層階にレジデンスのような。海外ではアーバンコンプレックス的な考えが街づくりに活かされていますが、日本ではゾーニングの意識が高い。これからは、街にもっと縦のレイヤーができ、用途の混用をしていくことが大事だと感じています。60年代にジェーン・ジェコブス氏が書いた都市論のバイブル『アメリカ大都市の死と生』の中でも、この用途の混用というのがうたわれています。それは何かというと、街に対して、街路に対して、いろんなタイプの人がそこを使うことが大切と説いています。オフィス街であれば、夜になると人が全然いなくなって危険。逆に郊外のニュータウンは、昼間は子どもと主婦しかいない。団地の公園は、昼は賑わっていても、夜は誰もいないから

Old house, better location——
人口減少時代、ストックを活かすことは必然となる。

ホームレスがやってくる。こうやって、ひとつのエリアの用途をひとつに固定してしまうと、属性や時間帯、曜日によって街の表情が変わってきてしまう。しかし、用途を混用すれば、いろんな人が使うので通りの賑わいが絶えない。そういう街は、歩いても、暮らしていても、きっと楽しいはずです。

—— 中心市街地の周辺、いわゆるフリンジエリアが、非常に住み心地もいいし、商業や飲食もほどよく栄えている。そういった場所には、古くて味のあるマンションも多いんですよ。ちょうど30年くらいたった中古マンションなので、高齢者の方がお住まいのケースが多い。そういったエリアにリノベーションによって若い人が暮らしはじめる、世代間の交流も生まれればよいと考えています。ところで、これからのリノベーションは、どんな方向に進むと思われますか?

島原　一時期、SMAPの「世界にひとつだけの花」という歌が流行りました。「ナンバーワンじゃなくても、オンリーワン」といった歌詞は、時代の空気にあっていたのでしょう。これは、まだ検証はできていないのですが、もう少し進んでいくと、「オンリーワン」から、さらには「マイベスト」となっていくような気がしています。「オンリーワン」というほど肩肘張らない感覚でしょうか。「何にしろ頑張りすぎない」といった空気感。だから、「結婚したから家を買わないと」とか、「買うなら新築じゃないと」といったこともなくなってきた。もちろん、リノベーションの流れのなかにも、「頑張ってデザインをしないと」という感じが少なくなってきたかもしれませんね。先日、京都の株式会社 八清《はちせ》さんが手掛けているリノベーション物件を見に行きました。コンセプトは「ノスタとザッタ」。元の家のノスタルジーのある雑多な家という意味なのだとか。そのリノベでは、60〜70年代くらいの家で使っていた東芝のキッチンを、外して磨いてもう一度入れるなど、現状回復プラスα的な家をつくっている。むしろ、壁の構造や水廻りの設備など、見えないところの方が新しくなっていて、見えるところは昭和のまんま。そういう「やりすぎない」感じを、心地良いと思う世代が増えているようです。

—— 家は、家具とか服の延長としてあってもいいんじゃないか。これは、僕がセミナーなどでもよく口にすることです。飽きたり、ちょっとサイズが変わったりしたら、服を買い替えたりリメイクするように、家もそれに合わせて変えればいい。服を重ね着する感覚で、ヴィンテージの北欧家具とIKEAの家具を合わせてもいい。

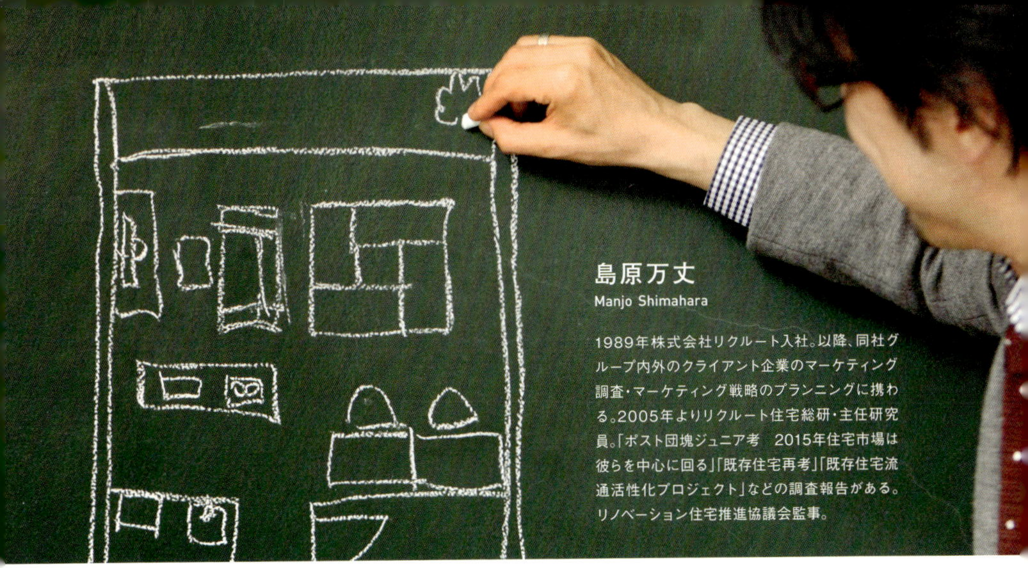

島原万丈
Manjo Shimahara

1989年株式会社リクルート入社。以降、同社グループ内外のクライアント企業のマーケティング調査・マーケティング戦略のプランニングに携わる。2005年よりリクルート住宅総研・主任研究員。「ポスト団塊ジュニア考　2015年住宅市場は彼らを中心に回る」「既存住宅再考」「既存住宅流通活性化プロジェクト」などの調査報告がある。リノベーション住宅推進協議会監事。

島原　これまで住宅といえば、どうしても外から捉えがちでした。もちろん、基礎から積み上げてつくるわけですからね。その結果、内装が一番最後になっていた。しかし、住んでいる人からすると、内装というか、手触り、足触りが、先なんですよね。リノベされる方のなかには、家具的な発想の方も多いようですね。もともと持っていたお気に入りの家具が、どうやっても新築マンションに合わないからリノベしたとかですね。

―― 最後に、これからリノベーションをしようという方たち、リノベーションに関わっていこうという方にメッセージをお願いいたします。

島原　もともと、マーケティングの立場から不動産業界や建設業界というものに関わってきました。そのなかで、住宅産業全体を俯瞰して見ると、日本の住宅事情は、これまで異常だったのでないかということを感じています。リノベーションを語る際にいつもあげられるデータですが、日本では中古シェアが約13％しかないのに比べ、欧米では70～80％近くある。そういうと「石づくりと木づくりの違いだ」という声も出てきますが、欧米でも多くの木造古民家が残っているような実状もある。
歴史を振り返ると、日本は急速に経済成長し、近代化したため、都市に人が集まっていった。そのために、急速に住宅が必要となったという時代背景もあります。しかし、これだけ住宅がつくられた側面には、本来は国民の生活の場を提供する産業であるにも関わらず、「経済対策」、「景気対策」の産業になっていた感があります。特にバブル崩壊後の10年は、そうした色合いが強かった。
「フロー」から「ストック」へという大義名分には、みんな反対はしていません。一方で、マスコミは新築着工数が減ったという事実を、悪いニュースとして報道しています。リノベーションという仕事は、手間もかかるし、ある面で見ると儲かる仕事でもない。しかしおそらく、中長期的な視点でみると、これがスタンダードのひとつになってくると思います。
あるイタリア人の建築家に、「リノベーションをやりますか？」と尋ねたら、「リノベーションが出来なければ建築家ではない」と答えられました。ヨーロッパには、新築をやるような余地はほとんどないわけです。
今、リノベーションという業界ができて10年くらい。ちょうど黎明《れいめい》期を迎えています。これからは、必然的なジャンルになってくるのでしょう。住まい手としても、「誰かが決めた正解らしきもの」に自分を合わせるより、「自分に合わせて暮らす」ことが、自分が思い描く「希望」に近づけることになればと思っています。

（インタビュアー　リノベエステイト 松山真介）

あとがき

リノベーションというひとつの選択肢を次の時代のスタンダードとするために。

住まいは、その家族の在り方を映し出す場であり、
それと同時に、家族の歴史をつくっていく場でもある。
今回、本をつくるにあたり、これまでリノベーションを
手掛けさせていただいたご家庭を訪ねていくなかで
あらためてたくさんの気づきをいただいた。
そして、そこでたくさんの「しあわせのかけら」を見せていただいた。

バブルの終焉後、まったりとした閉塞感が漂う時代のなかで
「デザインで社会を明るくしたい」という思いのもと、
総合デザイン会社「アポロ計画」は、21世紀と共にスタートした。
その中古住宅再生部門としてはじまったのが、「リノベエステイト」。
建築（renovation）×不動産（real estate）の融合は、
我が街では、まだ新しい家づくりの常識を確立する事業スキームだった。

こうした発想にたどりついたのは、
ヨーロッパの成熟した都市の在り方に受けた影響が強い。
ヨーロッパでは、古い建築のリノベーションが建築家の主な仕事である。
しかし、これまでの日本では、既存建築の住まいの改修は、
建築家があまり介入する領域でないとされてきた。
経済成長を遂げ、成熟期を迎えようとする日本の都市にも、
リノベーションというムーブメントは、きっと必ずやってくるはず。
そんな思いで資本も歴史も浅い会社ながら、新しい時代の住まいの在り方を確立すべく
「リノベエステイト」での挑戦をはじめたのだった。

時を同じくして、私たちだけでなく、全国でさまざまなリノベーション事業が立ち上がり、
トライ＆エラーが繰り返された時代でもあった。
時代の流れが、確実に動いている証でもあるのだろう。

そして、10年間。この街で、ひとつの選択肢としての
リノベーションへの理解が深まったのは、これまで出合った「施主の皆さま」があってこそ。
それぞれの住まいに、オンリーワンの解答をみつけていく。
設計をするときは、もちろん産みの苦しみを感じることもある。
しかし、完成した住まいでは、「空間の再生」と同時に「家族の希望」も再生されていた。
より、「自分たちらしい」暮らしを楽しむ姿も見せていただけた。

世界は試行錯誤を繰り返しながらも、根本的にはよりよくなろうとしている。
次の10年へ向け、家族の、そして時代への希望が、
「リノベーションからはじまる」というキーワードと共に叶えられれば。
この一冊が、まさに、そんな「はじまる」につながっていけば幸いである。

リノベエステイト 代表　松山真介

COMPANY PROFILE

デザインで街を明るく

2000年7月4日に総合デザイン会社としてスタートした「アポロ計画」。その建築部門として設立したのが「リノベエステイト」。リノベエステイトとは、建築(renovation)×不動産(real estate)から生まれた名前。その名の通り、不動産、ファイナンス、建築、施工のプロフェッショナルが一体となって中古建築の再生に取り組んでいる。価格的にも立地的にも、リノベーションに適した物件の紹介にはじまり、住み手の声を一つひとつ組み込んだプランで、ひとりの100点満点を目指す家づくりを計画。「フロー」から「ストック」へ変わりゆく時代のなかで、中古住宅再生を通してこれからの街づくりに寄与できることも目指している。

リノベエステイト

〒810-0074 福岡市中央区大手門3丁目12-12 BLDG64
株式会社 アポロ計画 リノベエステイト事業部
www.re-estate.net
一級建築士事務所　福岡県知事第1-12484号
建設業許可　福岡県知事(般-18)第101540号

代表プロフィール

松山 真介　SHINSUKE MATSUYAMA

株式会社 アポロ計画 代表取締役社長／一級建築士

1968年福岡県北九州市生まれ。1993年に九州芸術工科大学(現 九州大学)卒業。株式会社 環境デザイン機構を経て、2000年に総合デザイン会社「アポロ計画」を設立。広告、商品開発、建築、街づくりと幅広いデザインプロジェクトに携わる。

社団法人 福岡県建築士会会員／福岡県耐震診断アドバイザー／
リノベーション住宅推進協議会正会員

□住まいのインテリアコーディネーションコンテスト2009 奨励賞
□SDA賞2007 入選
□住まいのリフォームコンクール2007 優秀賞
□住まいのインテリアコーディネーションコンテスト2007 会長賞
□住まいのインテリアコーディネーションコンテスト2005 支部長賞

SPECIAL THANKS

みなさんの支えに、とくべつな感謝の気持ちを

株式会社 斎藤政雄建築事務所
フクパ建設株式会社
島原万丈（リクルート住宅総研）
株式会社 ドナ・コーポレーション
株式会社 マインディア

（順不同、敬称略）

NEW PROJECT

BLDG64「ビルヂング64」

点からはじまる都市再生プロジェクト。

1964年、東京オリンピックの年に生まれたビルは、
都心の片隅にありながらも、住み手をなくし、
ひっそりと時の流れを止めたままでした。
中古ビルから街の空気に新しい息吹を吹き込みたい。
リノベエステイトの新しい拠点ともなる、
クリエイティブ雑居ビルへのまるごとリノベーション。
点からはじめる都市再生のプロジェクトです。

2011年　新春　始動　www.re-estate.net/bldg64

企　画／松山真介
編　集／池田 雪（システムクリエート・書肆侃侃房）　長畑一志（インデックスプラス）
原　稿／長畑一志（インデックスプラス）　松本彰剛（スタジオクリエイションプラン）　植村康子（アポロ計画）
デザイン／藤田 薫　波田光一　福間友紀　大嶋洋次郎　西村 亮（アポロ計画）
コーディネート／中村友洋　中村友香（アポロ計画）
撮　影／福島啓和　古庄琢磨（ワイ・シー・エス）　施工写真：駄道賢剛（ダミチ写真事務所）
イラスト／寺山武士

リノベーションからはじまる

これからの住まい方、
リノベーションライフの実例

2010年11月6日　第1刷発行

著　者　リノベエステイト
発行者　田島安江
発行所　書肆侃侃房
〒810-0001　福岡市中央区天神2-14-38-3F（システムクリエート内）
TEL 092-735-2802　FAX 092-735-2792
http://www.kankanbou.com　info@kankanbou.com
印刷・製本　瞬報社写真印刷株式会社

ISBN978-4-86385-042-2　C0052